확 달라질 미래를 꿈꾸는 우리 아이

술렁술렁
**제4차 산업 혁명이
궁금해!**

별난 세상 별별 역사 ⑤
슬렁슬렁 제4차 산업 혁명이 궁금해!

ⓒ 글터 반딧불, 방승조 2018

1쇄 펴낸 날 2018년 1월 9일
2쇄 펴낸 날 2022년 3월 7일

지은이   장세현
그린이   방승조

펴낸이   최금옥
기획   글터 반딧불
편집   김지선, 최명지
디자인   남철우

펴낸곳   이론과실천
           등록 제10-1291호
           (07207) 서울시 영등포구 양평로21가길 19 우림라이온스밸리 B동 512호
           전화 02-714-9800 | 팩스 02-702-6655

ISBN 978-89-313-8125-2 74900
ISBN 978-89-313-8120-7(세트)

* 이 책의 일부 또는 전부를 사용하려면 반드시 저작권자와 이론과실천 양측의 동의를 모두 얻어야 합니다.
* 값 12,000원
* 잘못된 책은 바꾸어 드립니다.

꼬마이실 은 이론과실천 의 어린이책 브랜드입니다.

★ 별난 세상 별별 역사 시리즈를 발간하며 ★

인류의 역사시대는 짧게는 2~3천 년, 길게 잡아도 5천 년쯤이다. 이 시간 동안 인류가 이룬 문명은 상상을 초월할 만큼 엄청나다. 선사시대 원시인들이 올려다보던 달과 별에 지금은 우주선을 쏘아 올리는 시대가 되었으니 말이다. 그런데 놀라운 것은 이런 눈부신 문명의 발전에는 극히 사소한 것들의 역사가 자리 잡고 있다는 사실이다.

사람들은 대개 역사라고 하면 중대한 사건이나 영웅적 인물을 먼저 떠올리기 쉽다. 그러나 그것만이 역사의 전부는 아니다. 알고 보면 역사는 그리 멀리 있지 않다. 예컨대 우리가 일상생활에서 쉽게 접하는 불, 돈, 바퀴는 인류의 3대 발명품으로 꼽힌다. 그만큼 문명의 발전에 크게 이바지했기 때문이다.

원시인이 동굴에서 피우는 불은 그저 모닥불에 지나지 않는다. 하지만 그 열을 이용해 철을 뽑아냄으로써 오늘날과 같은 철기문명을 일구어 냈다.

바퀴도 다르지 않다. 바퀴라고 하면 대부분 수레나 자동차의 바퀴 따위를 떠올릴 테지만 그뿐만이 아니다. 곡식을 찧는 물레방아도, 바람의 힘을 모으는 풍차도 바퀴의 원리를 이용한 것이다. 창틀 아래에도, 의자 밑에도, 시계 속에도 바퀴가 있다. 지금처럼 교통과 산업이 발전한 까닭도 각종 기계 속에 들어 있는 톱니바퀴의 움직임 덕분이다.

돈 역시 처음에는 거래의 편리함을 위해 만든 것이다. 물물교환 시대를 떠올려 보자. 소금 한 자루나 쌀 한 자루를 낑낑대며 짊어지고 가서 바꾸려면 얼마나 힘이 들겠는가? 이런 불편함을 덜기 위해 돈이 탄생했지만 진화를 거듭하면서 오늘날 자본주의라는 복잡하고 거대한 경제 구조를 만들어 냈다.

이처럼 우리 생활 속 아주 가까이에는 인류의 역사에 중요한 획을 그은 것이 수도 없이 널려 있다. 눈을 크게 뜨고 보면 역사는 우리가 먹는 밥에도 있고, 늘 입고 다니는 옷에도 있고, 심심할 때 가지고 노는 장난감에도 있다. 신발 밑에도 있고, 시계 속에도 있고, 성냥갑에도 있고, 주머니 속의 동전에도 있다.

〈별난 세상 별별 역사〉 시리즈를 만든 것은 그런 이유다. 우리 주위에서 쉽게 마주치는 물건들의 눈을 통해 인류의 역사와 문명을 한번 꿰뚫어 보자는 것이다. 똑같은 역사라도 산업의 관점에서 보는 것과 돈의 관점에서 보는 것, 바퀴의 관점에서 보는 것은 다르다. 이 시리즈에서 주제어가 된 다양한 사물은 인류의 역사적 흐름을 읽어 내는 열쇠 구실을 한다. 그 열쇠로 역사의 문을 열어젖히면 놀라운 일이 벌어질 것이다. 그동안 무심코 지나쳤던 사물 속에서 우리가 미처 알지 못한 재미난 이야기가 수두룩하게 쏟아져 나올 테니까 말이다.

역사를 흔히 큰 강에 비유한다. 하지만 작은 물줄기가 모여야 큰 강이 이루어진다. 인류의 역사도 마찬가지다. 다양한 분야의 역사가 모여 큰 역사가 만들어진다.

세상 사람들은 각각의 생김새만큼이나 서로 다른 관심거리와 취향을 가지고 있다. 정치나 경제, 사회, 예술 같은 무거운 주제에 관심을 가진 이도 있지만 패션, 요리, 장신구 같은 생활 문화나 로봇, 자동차, 컴퓨터 같은 과학 기술, 혹은 우주, 공룡, UFO 같은 신비한 세계에 관심을 가진 이도 있다.

여러분이 어떤 사물에 지대한 관심과 애착을 가진 마니아라면 이 시리즈를 통해 그에 대한 호기심과 갈증을 채울 테고, 그렇지 않더라도 폭넓은 지식과 교양을 쌓을 수 있다. 모쪼록 이 시리즈 하나하나가 여러분이 세상 보는 눈을 키우는 데 보탬이 되고, 다양한 역사 상식을 얻을 수 있는 보물 창고가 되길 바란다.

— 글터 반딧불

차례

프롤로그 – 다가오는 미래 세상 … 8

제1장. 산업 혁명의 역사

1. 산업이 대체 무예요? … 12
2. 인류 최초의 산업 혁명, 농업 … 15
3. 서양 문명의 발판이 된 산업 혁명 … 18
4. 옷감에서 산업 혁명이 시작되다? … 21
5. 증기 기관의 시대가 열리다 … 25
6. 제1차 산업 혁명에서 제2차 산업 혁명의 시대로 … 29

제2장. 컴퓨터의 등장과 진화

1. 전쟁이 컴퓨터를 만들어 내다? … 34
2. 컴퓨터의 놀라운 발전 … 37
3. 천재 컴퓨터? 바보 컴퓨터? … 39
4. 사람의 마음을 읽는 기계 … 42
5. 인간의 두뇌에 도전하는 뉴로컴퓨터 … 46
6. 첨단 컴퓨터 시대의 그늘, 바이러스 … 48

제3장. 디지털 혹은 정보화 혁명

1. 아날로그에서 디지털 시대로 ···54
2. 인터넷으로 지구촌은 한 가족 ···57
3. 뉴미디어 시대, 인터넷 방송 ···61
4. 21세기는 빛이 지배한다? ···64
5. 게임 산업이 낳은 직업, 프로게이머 ···69
6. 컴퓨터 속의 가상 현실 ···72
7. 디지털 시대의 무법자, 해커 ···76

제4장. 제4차 산업 혁명의 미래 기술

1. 볼 수도 만질 수도 없는 가상 화폐, 비트코인 ···82
2. 스스로 학습하는 인공 지능 ···86
3. 인공 지능 슈퍼 의사, 왓슨 ···91
4. 바이오칩으로 사이보그 인간을 만든다? ···94
5. 스스로 운전하는 자율 주행 자동차 ···98
6. 만물이 소통하는 사물 인터넷 ···102
7. 무엇이든 만드는 만능 기계, 3D 프린팅 ···106
8. 하늘의 지배자, 드론 ···110
9. 로봇이 전쟁을 한다면? ···113
10. 인공 지능 로봇은 일자리 도둑? ···116
11. 미래 사회의 직업 ···119

프롤로그

다가오는 미래 세상

　사람들은 미래 사회에 대해 관심이 많아. 과학 기술이 하루가 다르게 발전하기 때문에 미래는 분명 지금과는 다른 모습일 거야. '제4차 산업 혁명'이라는 커다란 변화가 우리 사회에 닥쳐오고 있어. 세상의 변화를 이끄는 대표적인 신기술을 몇 가지 꼽아 볼까?

　제4차 산업 혁명을 이끄는 여러 신기술은 이미 현실이 되었거나 빠른 속도로 현실이 되는 중이야. 제4차 산업 혁명이 가져올 인류의 미래는 어떤 모습일지 다들 궁금할 테지? 하지만 과거 없이 현재가 없고, 현재 없이 미래가 없는 법이야. 인류의 역사가 어떤 과정을 거쳐 제4차 산업 혁명에 이르렀는지 차근차근 살펴보고 앞으로 다가올 미래 세상을 내다보기로 할까?

제1장
산업 혁명의 역사

지구의 나이는 46억 년쯤 된대.

기나긴 지구의 역사에 비추어 볼 때 인간의 역사는 무척 짧아.

기록으로 남은 역사는 기껏해야 2~3천 년,

길어야 5천여 년에 불과하거든.

인류는 짧은 역사에도 불구하고 엄청난 발전을 거듭했어.

몇천 년 전만 해도 인간은 돌도끼 같은 단순한 도구를 사용했지만

지금은 누구나 스마트 기기를 가지고 다니지.

주머니 속에 고성능 컴퓨터를 넣고 다니는 셈이야.

이 모든 게 과학 기술의 진보 덕분이며 그 속도 또한 점점 빨라지고 있어.

어떻게 여기까지 왔는지 산업 혁명의 역사를 한번 살펴볼까?

1. 산업이 대체 뭐예요?

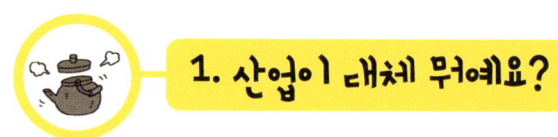

오늘날에는 산업이란 말을 많이 써. 산업 사회, 산업 도시, 첨단 산업 같은 말을 들어 봤을 거야. 사전에서 '산업'을 찾아보면 '생산을 하는 사업'이라고 되어 있어.

인류가 지금과 같은 풍요를 누리는 이유는 산업이 발달한 덕분이야. 사람들이 문명사회를 이룩하는 데 산업이 밑거름이 되었거든. 그래서 산업이 발전한 나라일수록 선진국에 속하고 그렇지 않은 나라는 후진국에 머물러 있지. 각 나라마다 산업 발전에 힘쓰는 것도 이런 까닭이야.

그렇다면 인류 역사에서 산업은 언제 처음 생겨났을까? 여기에 대한 답을 얻으려면 원시 시대 사람들의 생활 방식을 들여다볼 필요가 있어.

예나 지금이나 인간이 살아가는 데 가장 필요한 것은 두말할 것도 없이 먹을거리야. 풍족하

고 화려한 문명을 자랑하는 요즘 시대에도 지구촌 곳곳에서는 굶어 죽는 사람이 수천, 수만 명을 헤아리고 있어. 원시 시대에는 더 말할 나위가 없었지. 열악한 자연 조건을 헤치고 살아남으려면 수단과 방법을 가리지 않고 먹을 것을 찾아야 했어.

당시 사람들이 먹을거리를 얻는 데는 대략 두 가지 방법이 있었어. 남자들은 주로 짐승이나 물고기를 사냥하고, 여자들은 주로 산이나 들에서 식물의 열매나 뿌리 등을 채집했어. 그런데 사냥을 나간다고 늘 짐승을 잡아 오는 것도 아니고, 채집거리가 무한정 널린 것도 아니었지. 한곳에 너무 오래 머물면 굶주림을 면할 길이 없었어. 식량이 바닥나기 전에 다른 곳으로 옮기다 보니 자연스레 떠돌이 생활을 하게 되었지.

사정이 이렇다 보니 원시 시대에는 산업이란 게 없었어. 떠돌이 생활을 하며 나무 열매를 따고 사냥을 하는 게 산업은 아니거든. 당시에는 그저 다른 동물들과 마찬가지로 자연에 적응하며 살아간 거야.

산업이란 인간이 자신의 노력을 기울여 뭔가를 생산해 내는 거야. 예를 들어 볼까? 식량을 생산하는 일을 농업이라 하고, 가축을 길러 내는 일을 목축업이라 하고, 목재를 생산하는 일을 임업이라고 해. 또 지하 광물을 생산하는 일을 광업, 공장에서 제품을 생산하는 일을 공업, 정보를 다루는 일을 정보 산업이라고 하지. 이 모든 게 산업에 속해. 요컨대 인간이 살아가는 데 필요한 무언가를 생산하는 일을 통틀어 산업이라고 한단다.

2. 인류 최초의 산업 혁명, 농업

인류의 역사에서 한 획을 그은 엄청난 변화를 가리켜 흔히 '혁명'이라고 말하곤 해. 신석기 시대에 바로 그런 일이 일어났어. 인간 생활의 틀을 바꾸어 놓은 중대한 사건이었지.

그게 뭐냐고? 농사를 짓는 일과 짐승을 기르는 일, 즉 농경과 목축이 시작된 거야. 이를 일컬어 '신석기 혁명' 혹은 '농업 혁명'이라

부른단다.

처음에 어떻게 농사를 짓게 되었는지는 정확치 않아. 어쩌면 우연히 집 주변에 버린 씨앗이 이듬해 싹이 나서 열매가 맺히는 걸 보고 아주 신기하게 여겼을 테지. 이런 경험이 오랫동안 쌓이면서 누군가 농사지을 생각을 했을 거야.

인간이 처음으로 재배한 곡식은 무엇일까? 신석기 시대 유적에서 불에 타서 탄소 덩이가 된 곡식 알갱이를 발견했어. 그걸 조사해 본 결과, 주로 조, 수수, 피, 기장 같은 곡물임을 알아냈어. 아울러 농사에 필요한 원시적인 도구도 사용했다는 걸 알아냈지. 봄철에는 돌괭이나 뿔괭이, 돌삽, 돌보습 등으로 밭을 갈아 씨앗을 뿌리고, 가을에는 돌낫으로 이삭을 거두어들였어. 또 수확한 곡식은 갈돌과 갈판을 이용해 껍질을 벗겨 음식을 만들어 먹었지.

농사와 함께 목축도 시작되었어. 그전에는 산과 들판을 누비며 직접 사냥만 했는데, 이제는 짐승을 우리에 가두어 놓고 기르는 일도 함께한 거야. 우연히 동물의 어린 새끼를 잡아 호기심으로 키우다가 아예 목축을 하기에 이른 게 아닐까 추측해. 오늘날의 가축은 모두 이런 과정을 통해 사람 손에 길들여졌을 거야.

농경과 목축은 인류가 생활하는 틀을 완전히 뒤바꾸어 놓았어. 사람들은 더 이상 떠돌이 생활을 하지 않고, 한곳에 붙박여 정착 생활을 하게 되었지. 애써 일구어 놓은 기름진 밭을 버려둔 채 위험을 무릅쓰고 이곳저곳 떠돌아다니는 건 어리석지. 한곳에 붙박여 사는 게 훨씬 편하고 안정감도 있었을 거야.

농경과 목축은 단순한 정착 생활 이상의 중대한 변화를 가져다주었어. 사냥이나 채집은 자연이 만들어 놓은 결실을 거두어들인 것에 불과해. 그런데 농사를 짓고 짐승을 기르면서 인간은 자연을 이용하고 다스리는 자가 된 거야. 이때부터 인류의 문명이 싹텄지. 그래서 이러한 생활 변화를 농업 혁명이라고 부르고, 이는 인류 최초로 겪은 산업 혁명이라고 할 수 있단다.

농경 사회에 등장한 힘센 지배자

원시 사회에서는 모두가 평등했어. 모두가 똑같이 일하고 똑같이 나누어 먹었기 때문에 부유한 자와 가난한 자, 더 가진 자와 덜 가진 자가 없이 모두가 평등한 사회였지.

하지만 농경이 시작되면서 이러한 사회 구조에 조금씩 금이 가기 시작했어. 생산량이 많아지자 먹고도 남는 식량이 생겼거든. 남은 식량을 둘러싸고 사람들 사이에 갈등이 빚어졌어. 결국에는 힘 있는 자, 특별한 재주가 있는 자가 이걸 차지했지.

이 때문에 더 많이 가진 사람과 덜 가진 사람이 생기고, 시간이 갈수록 그 차이는 더욱 커졌어. 단지 사람과 사람 사이뿐 아니라 집단과 집단 사이에서도 똑같은 현상이 벌어졌지.

이제까지의 평등한 사회가 무너지고, 개인 혹은 집단끼리 치열한 경쟁에 뛰어들기 시작했어. 더 많은 생산물을 가지려고, 혹은 농사가 잘 되는 비옥한 땅을 차지하려고 피 튀기는 싸움도 서슴지 않았지. 힘이 센 집단이 이웃의 약한 집단을 침략하여 세력을 넓혀 갔어. 이런 과정을 통해 자연스레 부와 권력을 거머쥔 새로운 지배자가 나타나고 국가도 탄생한 거란다.

 ## 3. 서양 문명의 발판이 된 산업 혁명

원시 시대 사람들은 철새나 다름없었어. 무슨 말이냐고? 철새들은 대개 튼튼한 둥지를 짓지 않아. 계절이 바뀌고 먹잇감이 떨어지면 새로운 환경을 찾아 이동하기 때문이지. 원시 시대 떠돌이 생활을 하던 사람들도 마찬가지였어. 사냥감이나 나무 열매 등을 찾아 이곳저곳 돌아다녀야 했지.

이러한 생활 방식에 큰 변화가 생긴 건 농사 때문이야. 농사를 짓기 시작하면서 한곳에 정착 생활을 하며 마을을 이루었지.

처음 농사를 지을 때만 해도 생산량이 그리 많지 않았어. 한 해 먹고살기에도 늘 모자라는 형편이었지. 시간이 흐르면서 농사 도구와 기술이 발달하자 생산량이 점차 늘어 갔어. 그에 따라 인구도 늘고 마을도 커졌어. 몇몇 마을은 규모가 점점 커져 사람들이 북적이는 도시로 성장했지.

어떤 지역에서는 눈부신 발전을 거듭하여 화려한 문명의 꽃을 피웠어. 우리가 익히 아는 고대의 메소포타미아, 이집트, 그리스·로마, 잉카, 마야, 아스텍 등이 바로 그런 문명이야. 이 놀라운 문명은 지금은 사라져 그 흔적만이 역사적 유적과 유물로 남았지.

하지만 지구상에는 사라진 문명만 있는 게 아니야. 서양, 중국, 인도, 이슬람 문명은 지금도 계속되고 있거든. 이중에서도 특히 서양 문명이 현대 사회에 큰

영향을 끼치고 있어.

 서양 문명은 전 세계적으로 널리 퍼져 있지. 서양의 언어인 영어가 세계 공용어가 되고, 많은 사람들이 서양식 옷인 양복을 입고, 서양식 음식인 양식을 즐기고, 서양의 종교인 기독교를 믿고 있지. 또한 세계 여러 나라가 서양식 정치 제도인 선거를 통한 민주주의를 시행하고, 서양식 경제 제도인 자본주의를 채택하고 있어. 21세기 현재의 인류는 이처럼 알게 모르게 서양 문명을 누리며 살아가고 있단다.

그렇다면 서양 문명이 본래부터 우월한 걸까? 그렇지 않아. 근대 이전만 해도 서양은 다른 문명보다 앞서지 못했어. 오히려 동양이나 이슬람에 비해 미개한 지역으로 남아 있었지.

서양 문명이 다른 곳을 능가하게 된 것은 250여 년 전 시작된 산업 혁명 덕분이야. 산업 혁명 이후 서양은 비약적인 발전을 거듭했어. 그 결과 다른 문명을 압도하며 전 세계에 산업화의 물결을 불러일으켰단다.

도구에서 기계로

인간은 다른 동물과 구별되는 몇 가지 특징이 있어. 그중 하나가 도구를 사용하는 거야. 원시인이 사용한 돌도끼부터 시작해 옷감을 만들 때 쓰는 물레나 베틀, 농사일에 쓰이는 호미나 괭이, 쟁기 등이 모두 도구에 속해. 이런 도구를 써서 인간은 생활에 필요한 무언가를 생산해 내지.

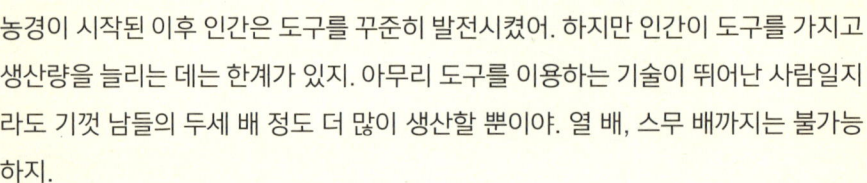

농경이 시작된 이후 인간은 도구를 꾸준히 발전시켰어. 하지만 인간이 도구를 가지고 생산량을 늘리는 데는 한계가 있지. 아무리 도구를 이용하는 기술이 뛰어난 사람일지라도 기껏 남들의 두세 배 정도 더 많이 생산할 뿐이야. 열 배, 스무 배까지는 불가능하지.

이걸 가능케 한 것이 바로 기계야. 기계를 사용하면 인간의 힘과 비교할 수 없을 만큼 많은 생산량을 얻을 수 있어. 생산하는 수단이 '도구'에서 '기계'로 바뀌게 된 사건이 바로 산업 혁명을 이끈 원동력이 되었단다.

4. 옷감에서 산업 혁명이 시작되다?

산업 혁명은 유럽의 섬나라 영국에서 처음 일어났어. 그 시작은 아주 사소한 것이었지. 그게 뭐냐고? 바로 우리가 늘 입고 다니는 옷이야. 옷을 만들려면 실이 있고, 그 실로 짠 천이 있어야 해.

당시 영국은 면화에서 실을 뽑아 옷감을 짜는 면직물 산업이 발달했어. 이때만 해도 기술자가 몇 가지 도구를 이용해 자기 집에서 일하거나 아주 작은 공장에서 몇몇 일꾼이 함께 모여 일하는 게 대부분이었지. 말하자면 가내 수공업이나 공장제 수공업을 한 거지.

그런데 영국이 식민지를 개척하면서 시장이 점점 넓어지자 더 많은 물건이 필요해졌어. 물건이 없어서 못 팔 정도가 되었거든. 좀 더 빨리, 많은 물건을 만들어 낼 필요가 있었지. 그래서 인간의 노동을 대신할 기계가 만들어진 거야.

물론 산업 혁명이 하루아침에 이루어진 건 아니야. 오랜 세월에 걸쳐 많은 사람들의 지식과 경험이 차곡차곡 쌓이면서 서서히 이루어졌지.

산업 혁명의 신호탄을 쏘아 올린 사람은 영국의 '존 케이'야. 그는 랭커셔 지방의 옷감 기술자였어. 본래 옷감을 짤 땐 씨줄과 날줄을 서로 엮어야 해. 그때까지 사용한 베틀은 씨줄이 감긴 북을 날줄 사이로 왔다 갔다 하면서 옷감을 짰어. 이 작업을 일일이 손으로 하다 보니 속도가 무척 느렸지. 존 케이는 1733년 이 베틀을 몇 군데 뜯어 고쳐 씨줄이 달린 북이 자동으로 움직이는 기계를 만들었어. 그 덕분에 옷감 생산량이 두 배로 늘어났지.

그러자 이번에는 실이 모자라게 된 거야. 옷감을 짜려면 실이 있어야 하거든. 이걸 해결한 사람이 '하그리브스'야. 그때까지 실을 만들 때는 방추를 하나만 쓰고, 한 번에 한 가닥씩 실을 뽑아냈지. 하그리브스는 1764년 방추를 여덟 개로 늘려서 여덟 가닥의 실을 한 번에 뽑아냈단다. 그는 이 기계에 '제니 방적기'라는 이름을 붙였어. 제니는 딸의 이름이라는 얘기도 있고, 아내의 이름이라는 얘기도 있어. 어느 것이 맞는지는 모르겠으나 가족을 무척 아낀 것만은 분명해. 그는 세상을 떠날 때까지 무려 80개의 방추가 달린 방적기를 개발해

냈대.

당시 '아크라이트'라는 괴짜 이발사가 있었어. 그는 머리를 깎는 일보다 무언가를 발명하는 데 관심이 더 많았어. 어느 날 제니 방적기를 보고 이렇게 생각했어.

'멋진 발명품이군. 하지만 사람의 힘으로 이걸 다 돌리자면 무척 힘이 들겠어. 뭔가 다른 힘을 이용해 보면 어떨까?'

아크라이트는 오랜 연구 끝에 '수력 방적기'를 개발해 냈어. 물레방아처럼 물의 힘을 이용해 실을 뽑는 기계를 만든 거지. 제니 방적기와 수력 방적기의 등장으로 면직물 공업은 크게 발전했단다.

그런데 두 사람의 발명품에는 단점이 있었어. 제니 방적기로 만든 실은 아주 가는 반면에 질기지 못하고, 수력 방적기로 만든 것은 질긴 반면에 너무 굵다는 약점이 있었지.

이 문제를 해결한 사람이 '크롬프턴'이야. 그는 밤낮으로 연구를 거듭하여 1779년 마침내 두 방적기의 장점을 살린 '뮬 방적기'를 만들었어. 덕분에 가늘면서도 질긴 실을 뽑아내게 되었지.

새로운 기계의 잇단 등장으로 영국의 면직물 산업은 크게 성장했어. 여러 사람들이 모여서 일하는 큰 공장이 여기저기 세워졌지.

그런데 물의 힘을 이용하는 기계는 불편한 점이 있었어. 도시에서 멀리 떨어진 물가에 공장을 세워야 했기 때문이야. 물가는 대부분 교통이 불편한 데다 가뭄이라도 들면 물의 양이 부족해 기계를 제대로 돌릴 수 없었어. 수력을 대신할 새로운 동력이 필요했지. 그래서 수증기의 힘을 이용한 증기 기관이 나오게 되었단다.

수증기의 힘

농경 시대에는 주로 인간의 노동력에 기대어 생산물을 얻었어. 사람의 힘으로 농사를 짓고, 사람의 손으로 생활에 필요한 각종 도구를 만들었지.

사람이 하기에 벅찬 일은 외부의 힘을 빌려 오기도 했어. 소나 말 같은 동물의 힘을 이용해 밭을 갈고 짐을 나르며, 물레방아처럼 물의 힘을 이용해 방아를 찧거나 풍차처럼 바람의 힘을 이용하기도 했지.

하지만 산업 혁명과 함께 새로운 동력이 등장했어. 바로 수증기의 힘이야. 알다시피 물에 열을 가하면 100도에서 끓어올라 수증기가 되어 증발해. 이때 수증기가 팽창력을 갖는데 그 힘을 안으로 가두면 어마어마하게 커진단다.

일상생활에서도 그 힘을 종종 볼 수 있어. 예컨대 주전자에 물을 끓이면 뚜껑이 달그락달그락 소리를 내며 들썩이지. 그게 바로 수증기의 팽창력이야.

이 힘을 이용해 기계를 움직이도록 만든 발명품이 바로 증기 기관이야. 이건 농경 시대의 동력과는 전혀 차원이 달라. 동물이나 자연의 힘이 아니라 인공적으로 만들어 낸 힘이거든. 그 놀라운 힘이 산업 혁명을 더욱 발전시킨 기폭제가 되었단다.

5. 증기 기관의 시대가 열리다

증기 기관을 만든 사람은 '제임스 와트'라고 알려져 있어. 그러나 엄밀히 말해서, 그가 증기 기관을 처음 만든 건 아니야. 그 이전부터 증기 기관이 있긴 했지만 산업 현장에서 사용하기에는 부족한 점이 많았지.

제임스 와트는 본래 기계를 다루는 기술자였어. 그는 당시 영국의 한 대학에서 각종 기구를 만들고 고치는 일을 했어. 어느 날 물을 퍼 올리는 펌프가 고장 났다는 연락을 받았지.

"여보게, 자네가 가서 손을 좀 봐 줘야겠네."

와트는 고장 난 펌프를 이리저리 살폈어. '뉴커먼'이란 사람이 증기 기관을 이용해 만든 펌프였는데 구조가 복잡했지.

'흠… 불필요한 장치가 너무 많군. 내가 한번 새로 만들어 봐야겠어!'

와트는 이렇게 마음먹고 그날부터 본격적인 연구에 들어갔어. 수많은 실패를 딛고 몇 년간 기계와 씨름한 끝에 1769년 마침내 새로운 증기 기관을 개발해 냈지. 와트는 여기서 멈추지 않고 연구를 거듭하며 공장의 동력이나 교통수단으로 증기 기관을 사용하도록 개량하는 작업을 계속했지.

새로운 동력을 얻게 되자 산업에 큰 변화의 바람이 불었어. 증기 기관은 옷감을 만드는 공장뿐 아니라 종이를 만들고, 밀가루를 빻고, 철을 만드는 공장에서도 두루 쓰였지. 여기저기 커다란 공장이 세워지고 엄청난 양의 물건이 생산되었어.

그러자 이번에는 각 지역으로 물건을 나르는 일이 큰 문제가 되었어. 공장에서 쓸 재료나 완성된 물건을 마차로 실어 나르기에는 턱없이 부족했어. 한꺼번에 많은 양의 물건을 실어 옮기는 새로운 교통수단이 필요했지. 그때 증기 기관차와 증기선이 등장한 거야.

증기 기관차는 1804년 '리처드 트레비식'이 처음 발명했어. 뒤이어 '스티븐슨'이 기관차 개발에 힘을 쏟아 1829년에 리버풀에서 맨체스터까지 시속

16~23킬로미터로 달리는 데 성공했어. 지금의 기준으로 보면 느림보지만 당시에는 아주 놀라운 속도였지. 그래서 기관차 이름을 '로켓 호'라고 지었단다.

기관차가 육지 길을 열었다면 뱃길을 연 건 증기선이야. 증기선은 미국의 '풀턴'이 발명했어. 그의 증기선은 1807년 허드슨 강을 시속 4노트로 달리는 데 성공했지. 1838년에는 새로운 증기선이 대서양을 15일 만에 횡단했어. 콜럼버스가 신대륙을 발견할 때 69일이 걸린 것과 비교하면 엄청나게 시간을 줄인 셈이지.

바야흐로 증기 기관의 시대가 활짝 열린 거야. 이때부터 대규모로 공장 생산이 이루어지고, 교통수단이 발달하여 사람과 물자의 교류가 활발해졌지.

이렇듯 인간의 몸을 이용한 노동이 기계를 이용한 노동으로 옮겨 가면서 산업에 혁명적인 변화가 일어나고, 인류의 문명이 크게 발전했기 때문에 '산업 혁명'이라고 부르는 거란다.

산업 혁명이 만든 새로운 계급

현재 우리가 살고 있는 사회의 경제 제도를 일컬어 '자본주의'라고 불러. 이러한 사회 구조는 산업 혁명에서 비롯했지.

이전에는 대개 농업과 목축업이 경제의 중심이었어. 생활에 필요한 여러 물품은 가내 수공업으로 만들었지. 가내 수공업이란 집 안에서 손으로 물건을 만들어 낸다는 뜻이야. 손으로 만들다 보니 아주 적은 양을 필요한 만큼만 만들었지.

그러다 산업 혁명이 일어나면서 커다란 변화가 생겼어. 갖가지 기계의 발명과 함께 가내 수공업이 공장제 기계 공업으로 탈바꿈했지. 다시 말해 몇 사람이 소규모로 만들던 것이 공장에서 많은 사람들이 모여 기계를 이용해 대량으로 만드는 방식으로 바뀌어 간 거야.

아울러 귀족과 평민 등으로 나뉜 신분제와 농업 중심의 경제가 무너지면서 새로운 사회 질서가 만들어졌어. 바로 자본가 계급과 노동자 계급이 등장한 거야. 많은 돈을 가지고 공장이나 회사를 세워 주인이 된 사람을 '자본가'라 하고, 거기서 자신의 노동력을 팔아 일한 대가를 받고 살아가는 사람을 '노동자'라고 불러. 산업 혁명으로 공장제 기계 공업이 발달하면서 일감을 잃은 수공업자나 가난한 농민들은 대부분 노동자가 되었지.

지금 우리는 자본주의 사회에 살고 있으니, 현재의 사회 구조는 산업 혁명 때부터 시작된 거란다.

 ## 6. 제1차 산업 혁명에서 제2차 산업 혁명의 시대로

영국에서 시작한 산업 혁명은 곧 유럽의 여러 나라로 퍼져 나갔어. 이들 나라는 제각기 산업 혁명을 거치면서 눈부신 성장을 이루었어. 그와 함께 세계는 자본주의 시대로 접어들었지.

이 시기는 대략 1760~1840년경이야. 학자들은 이때를 가리켜 제1차 산업 혁명 시기라고 부르곤 해. 면직물 산업에서 시작한 변화의 바람이 증기 기관의 발명에 힘입어 대규모 공장제로 바뀌고, 교통수단도 획기적으로 발전했지.

<u>이런 성과를 발판으로 삼아 제2차 산업 혁명이 시작되었어.</u> 대략 19세기 후반부터 20세기 초(1870~1920년)에 걸친 시기야. 이 시기에는 다양한 과학 기술이 발달하면서 산업 구조가 또 한 번 크게 변화했어. 몇 가지 대표적인 기술을 꼽아 볼까?

<u>첫 번째로 내연 기관의 등장이야.</u> 석유를 연료로 하는 내연 기관은 석탄을 연료로 하는 증기 기관보다 훨씬 부피도 작고 성능도 뛰어났어. 오늘날 수많은 자동차가 씽씽 거리를 내달리는 것도 내연 기관이 발달한 덕분이지.

<u>두 번째로 전기의 활용이야.</u> 1879년 발명왕 에디슨이 백열등을 개발하여 비로소 전기의 시대를 열었어. 이후 전기를 활용하는 기술은 나날이 진보하여 지금은 전기 없이는 하루도 살 수 없는 시대가 되었어.

세 번째로 통신 분야의 신기술이 크게 발달했다는 거야. 1837년에 '새뮤얼 모스'는 전신기의 개발과 함께 모스 부호를 고안해 냈어. 점과 선을 이용해 신호를 보내 멀리 있는 사람에게 소식을 전달한 거야.

사람들이 전신망에 관심을 가지게 되면서 1876년에는 '벨'이 마침내 전화기를 발명했어. 이제 부호가 아니라 사람의 목소리를 직접 전달하게 된 거야. 1920년에는 라디오 방송이 최초로 시작되어 한꺼번에 여러 지역의 사람들에게 정보를 알리게 되었지.

제1차 산업 혁명을 거치면서 교통수단이 비약적으로 발전했다면 제2차 산업 혁명 시대에는 통신 수단이 눈부신 발전을 이루었어. 통신 기술이 발달하면서 정보의 전달 속도가 엄청나게 빨라져 새로운 기술 개발을 더욱 촉진하는 계기가 되었단다.

컴퓨터의 등장과 진화

과학 기술은 산업 혁명의 밑바탕이야.

시간이 갈수록 과학 기술의 발전 속도는 점점 빨라지고 있지.

인류는 제1차, 제2차 산업 혁명을 거치면서

고도의 산업화를 이루어 냈어.

제3차 산업 혁명은 디지털 기술을 바탕으로 한

정보 통신 산업이 대세를 이루고 있지.

그 중심에 20세기 최고의 발명품이라고 일컬어지는

컴퓨터가 자리하고 있어.

컴퓨터가 어떻게 생겨나서 진화를 거듭했는지,

또 미래의 컴퓨터는 어떨지 한번 살펴볼까?

 **1. 전쟁이 컴퓨터를 만들어 내다?**

"왜애애앵… 전투기 출격 준비!"

제2차 세계 대전이 한창일 무렵이었어. 연합군 측의 한 공군 부대에 요란한 사이렌 소리가 울렸어. 독일군 연대 병력이 숨어 있는 요새를 발견한 거야.

전투기 편대가 적진을 향해 날아갔어. 전투기들은 각자가 목표물로 정한 곳을 향해 폭탄을 쏟아부었지.

전투기의 폭격이 끝나자 이번에는 육군 포병 부대의 공격이 이어졌어. 독일군의 요새를 향해 수많은 폭탄을 날렸지. 포병 부대의 공격은 그날 하루 밤낮으로 계속되었단다.

다음 날 연합군이 이 공격에 대한 보고를 받았어. 그 결과는 무척 실망스러웠지. 공군 전투기와 포병 부대의 엄청난 폭탄 세례에도 불구하고 독일군 요새의 반도 채 부수지 못했거든. 대부분의 폭탄이 빗나가 엉뚱한 곳에서 터졌기 때문이야. 이 문제 때문에 연합군의 주축인 미군은 큰 고민에 빠졌어.

"뭔가 좋은 방법이 없겠소?"

"지금 쓰고 있는 기계로 탄도를 계산하려면 시간이 많이 걸립니다. 좀 더 신속하고 정확하게 계산할 수 있는 새로운 기계를 만들면 어떨까요?"

탄도란 대포알을 발사했을 때 포탄이 날아가는 길을 말해. 탄도를 정확히 알지 못하면 조준이 불가능하지.

　당시에는 포병들에게 탄도표를 지급하여 그에 따라 일일이 대포를 조절하여 발사했어. 그런데 탄도를 계산하는 일은 엄청나게 복잡했어. 목표물의 위치는 물론이고 중력, 날씨, 바람의 방향까지 모두 계산에 넣어야 했거든. 탄도 하나를 계산하는 데만 해도 무려 700가지가 넘는 계산이 필요했지.

　비행기에서 폭탄을 투하할 때도 마찬가지였어. 비행기가 나는 속도와 바람, 중력 등의 영향을 계산해서 어느 지점에 떨어뜨릴지 알아내기가 쉽지 않았어. 빠른 시간 내에 탄도 계산을 해내려면 새로운 기계가 필요했지.

　"그럼, 하루속히 기계를 만들도록 하시오."

마침내 미국은 탄도를 계산할 수 있는 새로운 기계를 만들기 시작했어. 이 작업에 참여한 과학자는 모클리, 에커트, 브레이너드, 골드스타인 등이었어. 최초의 컴퓨터인 '에니악'은 이들의 손을 거쳐 세상에 태어났지. 하지만 이 컴퓨터는 전쟁에 큰 도움을 주지는 못했어. 전쟁이 끝난 1946년에 완성했기 때문이란다.

 세계 최초의 컴퓨터, 에니악

➢ 최초의 컴퓨터, 에니악의 모습.

1946년 완성된 에니악은 최초의 전자식 컴퓨터야. 에니악은 엄청나게 덩치가 컸어. 크기는 커다란 교실을 꽉 채울 정도이고, 무게는 자그마치 30톤에 달했어. 에니악을 만드는 데 1만 7천여 개의 진공관과 6천 개의 스위치를 비롯하여 엄청난 양의 전자 부품이 들어갔지.

이 커다란 덩치를 움직이려면 엄청난 양의 전기가 필요했어. 에니악이 켜져 있을 때는 미국 필라델피아 시의 전등이 어두워졌다는 소문이 나돌 정도였지.

그렇다면 에니악의 계산 능력은 어땠을까? 곱셈을 한 번 하는 데는 1천분의 3초 정도가 걸리고, 나눗셈에는 1천분의 24초 정도가 걸렸지. 복잡하기 이를 데 없는 탄도 계산에도 30초밖에 걸리지 않았어. 물론 지금의 컴퓨터와 비교하면 형편없는 수준이지만 당시 사람들에게는 놀라운 일이었지.

에니악은 그때까지 만들어진 기계 중에서 가장 복잡하고 정밀한 물건임이 분명했어. 다만 작동하기가 무척 어려웠기 때문에 전문가 외에는 건드릴 엄두도 내지 못했단다.

 ## 2. 컴퓨터의 놀라운 발전

컴퓨터는 짧은 기간 내에 굉장한 속도로 발전했어. 컴퓨터가 처음 나올 때만 해도 집채만 했어. 그런데 지금은 들고 다니는 노트북 컴퓨터가 나올 정도로 작아졌어. 여기에는 트랜지스터나 칩의 발명이 큰 몫을 했지. 지금부터 컴퓨터가 얼마나 빠른 속도로 어떻게 발전해 왔는지 한번 알아볼까?

제1세대 컴퓨터는 진공관을 이용했어. 이 컴퓨터는 몸집이 크고 속도가 느릴 뿐 아니라 값도 무지 비쌌어.

진공관을 처음 사용한 사람은 발명왕 에디슨이야. 그는 진공 상태에서 용기 속에 금속판을 넣고 필라멘트를 가열하면 전자가 생겨나서 금속판 쪽으로 끌려간다는 사실을 처음 발견했지. 하지만 에디슨은 자신이 만든 장치가 어디에 쓰일지 잘 몰랐어. 에디슨이 만든 진공관을 후대의 과학자들이 좀 더 발전시켜 최초의 컴퓨터 에니악을 만든 거야.

1960년대의 제2세대 컴퓨터는 진공관 대신 트랜지스터를 사용했어. 이때부터 컴퓨터 혁명이 시작됐지. 트랜지스터는 반도체를 이용해 만든 거야. 반도체가 뭐냐고?

구리나 철처럼 전기가 잘 통하는 물질을 도체라고 해. 반대로 고무나 플라스틱은 전기가 통하지 않는 부도체라고 하지. 반도체란 그 중간이야. 말 그대로 전기가 통하긴 통하는데 반만 통하는 물체지.

반도체는 게르마늄이나 실리콘에 인이나 붕소 같은 물질을 섞어 만들어. 반도체를 이용해 만든 트랜지스터는 진공관과 달리 깨질 염려가 없을 뿐더러 전력 소모도 낮고, 크기도 아주 작지. 그 덕분에 컴퓨터나 라디오 등의 제품이 아주 날씬해졌단다.

1970년대의 제3세대 컴퓨터는 한 단계 더 수준이 높아졌어. '칩'이란 부품을 새로 개발하여 더욱 성능이 뛰어난 집적 회로 컴퓨터를 만들게 되었거든. 칩이란 실리콘 덩어리를 다이아몬드 톱으로 100분의 1센티 정도로 얇게 썬 판이야. 새끼손톱만 한 칩 속에는 수천 개의 트랜지스터와 수많은 장치가 들어 있는데 이를 '집적 회로'라 불러. 반도체 기술이 발전함에 따라 집적 회로도 발전을 거듭했지.

그 결과 1980년대의 제4세대에서는 칩의 크기가 더욱 작으면서도 성능이 더 좋아진 '고밀도 집적 회로' 컴퓨터가 나오게 되었단다.

이렇듯 컴퓨터는 빠른 속도로 발전해 왔지만 아직도 부족한 점이 많아. 컴퓨터는 인간보다 기억력이 월등히 뛰어나지만 스스로 생각하거나 판단하지는 못하거든. 그래서 미래의 제5세대 컴퓨터는 어떤 게 나올까 기대감이 높아지고 있지.

3. 천재 컴퓨터? 바보 컴퓨터?

누구나 한 번쯤 『알라딘의 요술 램프』라는 동화를 읽은 적이 있을 거야. 램프를 문지르면 거인이 나와서 주인이 원하는 건 무엇이든 다 들어주지. 지금 우리 시대에 그런 요술 램프 같은 게 있다면 바로 컴퓨터가 아닐까 싶어.

요즘의 컴퓨터는 정말 마법사와도 같은 느낌이야. 컴퓨터로 계산하고 자료를 정리하는 것은 기본이고, 이제는 음악을 듣거나 영화를 볼 수도 있어. 인터넷을 통해 수많은 정보를 마음껏 찾아볼 수도 있고, 집에서 은행 업무를 보거나 쇼핑을 즐길 수도 있지. 가히 컴퓨터 혁명이라 할 만하지.

이처럼 놀라운 능력을 가진 컴퓨터는 사람과 어떻게 다르고, 어떤 특징을 가지고 있을까? 먼저 컴퓨터는 여러 장점이 있지.

첫째, 컴퓨터는 아주 빠른 속도로 수치 계산을 할 수 있어. 1초에 수백억 번의 계산을 반복할 수 있지.

둘째, 수많은 정보나 자료를 정확하게 기억하고 있어서 필요할 때는 언제든지 찾아볼 수 있지. 사람은 아무리 반복해서 학습해도 시간이 지나면 기억이 흐려지곤 해. 하지만 컴퓨터는 단 한 차례만 입력시켜도 영원히 잊지 않고 언제든지 정확하고 빠른 속도로 기억해 낸단다.

셋째, 아주 복잡하고 미세한 작업도 쉽게 해낼 수 있어. 아무리 뛰어난 기술자라도 작은 오차나 실수가 있기 마련이야. 하지만 컴퓨터는 100분의 1밀리 정도의 오차도 안 나게 정밀한 작업을 해낼 수 있지.

마지막으로, 사람은 단순 작업에 금방 싫증을 내지만 컴퓨터는 똑같은 일을 늘 반복할 수 있어. 일정한 순서와 법칙에 따라 움직이도록 프로그램이 되어 있기 때문이야.

이런 면에서 보면 컴퓨터는 인간이 따라갈 수 없는 놀라운 능력을 가졌어. 그런데 컴퓨터가 가장 하기 어려운 일은 어린아이도 할 수 있는 지극히 쉬운 일이야.

예를 들어 컴퓨터가 장치된 로봇에게 심부름을 시켰다고 해 봐.

"방 안에 있는 아버지에게 물 한 컵 가져다 드려라!"

이때 방으로 가는 길을 일일이 프로그램으로 알려 주지 않으면 엉뚱한 곳으로 갈 수 있어. 또 방문을 열어야 한다는 정보를 입력해 주지 않으면 방을 부수고 들어갈 수도 있지. 아버지의 얼굴 모양, 키, 입은 옷 등을 자세히 알려 주지 않으면 누구에게 줄지 몰라 쩔쩔맬 거야.

이런 면에서 본다면 컴퓨터야말로 천하의 바보인 셈이지. 실제로 컴퓨터의 지능 지수는 0이라고 할 수 있어. 따라서 컴퓨터는 경우에 따라 뛰어난 천재도 되고, 고철 덩어리 바보도 될 수 있단다.

컴퓨터의 언어는 0과 1

우리가 쓰는 한글은 기본적인 자음과 모음이 스물네 글자로 이루어져 있어. 영어의 알파벳은 스물여섯 자야. 하지만 복잡한 계산도 단숨에 처리하는 컴퓨터의 언어는 0과 1, 겨우 두 개의 숫자만 사용한다고 해.

컴퓨터는 인간의 말을 알아들을 수가 없어. 그래서 인간의 말을 하나의 전기적인 신호로 만들어야 해. 예를 들어 우리가 전등을 켤 때 아무리 '켜져라, 켜져라!' 소리쳐도 전등은 불을 밝히지 않아. 전등이 쓰는 말은 스위치야. 따라서 스위치를 올리거나(on) 스위치를 내려 전기를 끊는(off) 방법으로 대화가 가능하지.

컴퓨터도 마찬가지야. 내부로 통하는 전기를 온(on)이나 오프(off) 상태로 만들어 0과 1이라는 숫자로 신호를 보내지. 이처럼 두 가지 숫자를 이용해 계산하는 방법을 이진법이라고 한단다.

그러면 컴퓨터는 두 개의 숫자만 가지고 어떻게 인간의 명령을 알아들을까? 우리가 자판을 치면 그것은 0과 1이라는 숫자로 컴퓨터에 전달돼. '가'라는 글자를 자판으로 칠 때 컴퓨터 언어로 'ㄱ'은 '110', 'ㅏ'는 '1001'이라고 가정해 봐. 그러면 컴퓨터는 '가'라는 글자를 0과 1, 두 숫자의 조합으로 알아듣는 거지.

 4. 사람의 마음을 읽는 기계

요즘 컴퓨터는 하루가 다르게 발전하고 있어. 눈을 뜨고 나면 새로운 컴퓨터가 나왔다는 말을 들을 정도야. 그렇다면 앞으로 선보일 미래형 컴퓨터는 어떤 모습일까?

과학자들은 인간의 지능을 닮은 컴퓨터를 만들려고 무척이나 애쓰고 있어. 지금까지의 컴퓨터는 그저 입력해 놓은 프로그램을 읽고 해석하는 수준이었지. 그런데 미래에는 인간과 소통하는 능력을 지닌 새로운 컴퓨터가 등장할 거라고 해.

예를 들면 이런 거야. 미국의 MIT 대학에서 '엘리자'라는 프로그램을 만들었어. 이것을 이용하면 컴퓨터와 능숙하게 대화를 나눌 수 있다고 해. 실제 말로 대화를 나누는 것이 아니라 키보드를 이용해 질문을 입력하면 대답이 나오는 식이지. 엘리자는 정신과 의사들이 환자를 치료하는 데 사용하기도 했는데, 환자들은 진짜 의사와 상담하는 줄 착각할 정도였대.

그러면 환자들에게 정신과 의사 노릇을 한 이 컴퓨터는 어떤 원리로 움직였을까? 컴퓨터는 환자의 말 중에서 정보를 얻어 다시 질문을 만드는 간단한 원리를 이용했어.

예컨대 '도움이 필요해요.'라고 말하면, '도움'이란 말을 받아서 '어떤 도움이

필요하지요?'라고 묻는 식이야. 다시 말해 이 컴퓨터 프로그램은 정신과 환자들이 자주 호소하는 '두려움' '외로움' '우울' 등의 단어에 대해 재빨리 질문을 되던지도록 짜 놓은 거지. 또한 적당한 단어가 없을 때는 '글쎄요.' '참으로 안됐군요.' 하는 식으로 대화가 끊어지지 않게 만든 거야.

앞으로 이런 기술이 더욱 발달하면 자판을 두드리지 않고도 컴퓨터와 자연스레 대화를 나누는 날이 올 거야. 더 나아가 사람의 말소리뿐 아니라 마음을 읽는 것도 가능하겠지. 사람의 갖가지 감정을 비롯하여 머릿속에서 생각하는 단어나 그림까지도 알아내는 컴퓨터가 나올 수도 있어.

어떻게 컴퓨터가 사람의 마음을 읽을 수 있을까? 컴퓨터를 뇌와 연결시키면 뇌 조직에서 발생하는 전기 신호를 컴퓨터가 읽을 수 있어. 예컨대 내가 친구의 전화번호가 필요하다는 생각을 했다고 하자. 그러면 컴퓨터가 즉시 전화번호를 찾아내 화면에 비추는 거지.

이런 연구가 앞으로 계속되면 몸이 불편한 장애인도 얼마든지 컴퓨터를 마음대로 다룰 수 있을 거야. 손가락으로 컴퓨터의 자판을 치는 대신 눈을 깜박이거나 볼을 실룩거리는 행동으로 컴퓨터를 작동시킬 테니까 말이야.

미국의 한 컴퓨터 회사에서 만든 '바이오 뮤즈'라는 컴퓨터는 근육, 눈 그리고 뇌에서 나오는 신호를 처리할 수 있대. 먼저 컴퓨터와 연결된 완장을 팔에 끼거나 모자 같은 기계를 머리에 써. 그런 다음 거기서 생기는 전기 신호에 따라 컴퓨터를 작동시키는 거야.

이런 원리로 만들어진 기계가 도둑을 잡기도 하지. 그게 뭐냐고? 바로 범인을 잡을 때 사용하는 거짓말 탐지기란다.

 거짓말 탐지기의 작동 원리

사람의 마음을 읽는 기계란 아주 먼 미래의 일 같지만 지금도 사용하고 있어. 경찰이 범인을 밝혀내는 데 사용하는 거짓말 탐지기가 바로 그거야. 거짓말 탐지기는 도대체 어떤 원리로 범인이 거짓말을 하는지 사실대로 말하는지 알아차리는 걸까?

간단하게 설명하면 누군가에게 거짓말 탐지기를 연결한 뒤 질문을 해. 그런 다음 답변하는 사람의 체온이나 땀의 양, 호흡수의 변화 등을 통해 거짓말인지 참말인지를 알아내는 거지.

거짓말 탐지기는 세 가지 서로 다른 기구를 결합시킨 기계야.

첫 번째 기구인 '뉴모그램'은 호흡 형태를 측정하고 기록해. 고무 튜브를 가슴둘레에 감아 호흡의 변화에 따라 튜브 내부의 공기량이 어떻게 변하는지를 측정하는 기구지.

두 번째 기구는 '심맥파 묘사기'야. 이것은 혈압과 맥박의 변화를 탐지해. 병원에서 혈압을 측정하는 것과 같은 방법으로 팔에 공기주머니를 감아 변화를 관찰하지.

마지막으로 '검류계'가 있어. 이것은 피부에 흐르는 미세한 전류를 측정해. 피부에 땀이 나서 습기가 많아질수록 전기 활동이 활발하다는 원리를 이용한 거지.

이렇게 각 기구의 측정 결과가 거짓말 탐지기에 종합적으로 입력되어 거짓말인지 참말인지를 가려내는 지표로 활용하는 거란다.

5. 인간의 두뇌에 도전하는 뉴로컴퓨터

과학자들이 오래전부터 품고 있는 꿈 중의 하나는 바로 '사람과 똑같은 지능을 가진 기계'를 만드는 일이라고 해. 그렇다면 앞으로는 인간과 똑같은 지능을 가진 컴퓨터가 나올 수 있을까? 여기에 대한 답은 과학자마다 서로 달라.

어떤 과학자는 그것이 가능하다고 말하지만 어떤 과학자는 불가능하다고 말해. 그 이유는 인간의 두뇌가 워낙 복잡한 구조를 가지고 있으며, 생명의 신비 자체가 아직 비밀에 가려져 있기 때문이야.

인간의 두뇌는 대뇌와 소뇌, 뇌간을 모두 합쳐도 그 무게가 2킬로가 안 돼. 하지만 두뇌가 하는 일은 헤아릴 수 없이 많아. 눈이나 코, 귀 등 감각 기관을 통해 받아들인 여러 정보를 기억하고 순식간에 종합해서 판단하는 능력이 있지.

두뇌가 이런 뛰어난 능력을 발휘할 수 있는 이유는 무엇일까? 두뇌는 '뉴런'

이라는 신경 세포들이 모여서 이루어져 있어. 신경 세포는 뇌뿐 아니라 눈, 코, 귀 등 감각 기관을 비롯하여 우리 몸 구석구석에 골고루 뻗어 있지. 그 덕분에 추위와 더위를 느끼고 주위 풍경을 눈으로 볼 수 있는 거야.

신경 세포는 신체 각 부위의 여러 자극을 뇌에 전달하고, 반대로 뇌에서 내린 명령을 다시 신체 각 부위에 전달하는 역할을 해. 이를테면 갑자기 바람이 불어 먼지가 날린다는 정보를 뇌에 전달하면 뇌에서 눈을 감고 머리를 숙여 피하라는 명령을 내리는 거지. 어떤 위급한 상황에서 인간의 두뇌가 수많은 정보를 종합해 금세 판단을 내리는 것은 이런 신경 세포가 잘 발달했기 때문이야.

과학자들은 인간의 뉴런을 본떠 신경 세포를 만들어 냈어. 이처럼 인공적으로 만들어진 신경 세포를 '인공 뉴런'이라고 불러. 인공 뉴런은 여러 방식으로 결합하면서 두뇌의 신경망과 비슷한 기능을 하게 되지. 물론 인공 뉴런과 인공 신경망은 아직까지 사람의 것과 비교하면 형편없는 수준이야. 아주 조그만 벌 한 마리의 신경 세포만 해도 모두 10억 개나 되고, 뇌에서 가장 중요한 대뇌에만 무려 150억 개나 되는 신경 세포가 있거든.

앞으로 과학이 발전하여 사람의 신경 세포와 똑같은 역할을 하는 인공 뉴런을 사용해서 컴퓨터를 만든다면 어떨까? 인간과 거의 비슷한 뉴로컴퓨터(neuro computer)가 나올 수 있어. 과학은 언제나 불가능한 일에 도전하여 왔지. 언젠가는 인간의 두뇌를 닮은 컴퓨터가 세상에 나올지도 몰라.

# 6. 첨단 컴퓨터 시대의 그늘, 바이러스

컴퓨터 바이러스는 인간이 만든 최초의 가상 생명체라고 할 수 있어. 바이러스란 원래 몸속에 기생하는 병원균을 가리키는 말이야. 바이러스는 사람에게 전염이 되지. 그래서 독감 바이러스가 퍼지면 여러 사람이 한꺼번에 독감을 앓게 되는 거야.

하지만 컴퓨터 바이러스는 컴퓨터에 기생하는 병균이 아니야. 과거 컴퓨터가 널리 사용되지 않을 무렵에는 병균처럼 오해를 받기도 했지만 실제로는 살아 있는 바이러스처럼 사람에게 감염되지는 않아. 다만 여러 경로로 전염되면서 컴퓨터를 파괴한다는 점에서는 비슷하지.

정확히 말해 컴퓨터 바이러스는 일종의 프로그램이야. 그렇다면 일반 프로그램과 다른 점은 뭘까? 일반 프로그램은 컴퓨터를 사용하는 데 도움을 주지만 바이러스는 다른 컴퓨터 프로그램이나 파일에 달라붙어 손상을 입히는 게 임무야.

컴퓨터 바이러스는 1985년 파키스탄의 한 프로그래머에 의해 최초로 탄생했어. 왜 만들었냐고? 자신이 애써 만든 프로그램을 사람들이 불법으로 마구 복제해 써먹는 모습을 보자 잔뜩 화가 난 거지.

"괘씸한 것들! 복수할 방법이 없을까? 옳지, 바이러스를 만들어 혼내 줘

야지!"

　이것이 세계적으로 퍼진 최초의 컴퓨터 바이러스인데 이른바 '브레인 바이러스'라고 해. 우리나라에도 이 바이러스가 들어와 피해를 입혔지만 안철수바이러스연구소에서 만든 백신 프로그램으로 퇴치했어.

　그런데 바이러스는 컴퓨터를 망가뜨리는 데 그치지 않고 범죄에 이용되기도 해. 예를 들어 두 회사가 경쟁 관계에 있을 때 바이러스를 이용해 상대 회사의 핵심 정보를 삭제하거나 자료를 변형시킬 수도 있어. 물론 누가 했는지 아무도 모르게 하는 거지. 이런 일은 전쟁 중이거나 서로 적대적인 국가 간에도 얼마든지 일어날 수 있단다.

　실제로 2017년 전 세계를 떠들썩하게 만든 '랜섬웨어'라는 악성 프로그램은 강도 같은 짓을 서슴지 않았어. 컴퓨터 사용자의 파일을 암호화시켜 사용하지 못하게 만들어 놓고 암호를 푸는 대가로 돈을 요구했어. 제시간에 돈을 주지 않으면 컴퓨터 파일이 망가져 버리기 때문에 울며 겨자 먹기로 돈을 지불한 곳도 있었지. 컴퓨터 바이러스는 정보화 시대가 가져온 어두운 그늘이 아닐 수 없단다.

 러브 바이러스의 지구촌 습격

컴퓨터 바이러스는 싱거운 장난에 그치는 경우도 있지만 전 세계적으로 엄청난 피해를 몰고 오는 경우도 종종 있어. 대표적인 것 중의 하나가 '러브 바이러스'야. 당시 이 바이러스는 놀라운 속도로 퍼져 나가 전 세계를 공포에 떨게 했지.

홍콩에서 2000년 5월 이 바이러스를 처음 발견한 이후 한 시간 만에 12만 대, 하루 만에 300만 대가 넘는 컴퓨터가 감염되었어. 다음 날에는 11가지 변종 바이러스까지 생겨나면서 무섭게 확산되었어. 사흘 만에 전 세계로 퍼진 이 바이러스는 전자우편을 타고 지구를 한 바퀴 돈 셈이야.

개인 컴퓨터는 물론이고 일반 기업체나 공공 기관, 심지어 미국의 백악관과 연방 의회, 국무부, 중앙 정보국 등 주요 정부 기관도 이 바이러스에 침투 당했어. 파괴력과 전파 속도가 상상을 초월하여 피해액도 수백억 달러, 우리 돈 3~5조 원에 이르렀다는구나.

 버그, 트로이 목마, 해킹 프로그램

컴퓨터 바이러스는 값진 자료를 일순간에 송두리째 날아가게 만드는 무서운 존재야. 지금 세계적으로 존재하는 컴퓨터 바이러스는 수만 종에 이른다고 해. 실로 엄청난 숫자지. 이들 중에는 컴퓨터 바이러스로 보이지만 엄격하게 구분되는 일종의 아류 프로그램도 있어.

첫째, 단순한 버그 프로그램이야. 여기서 '버그'는 '벌레'라는 뜻이야. 이런 프로그램은 컴퓨터 자체를 손상시키지는 않아. 대신에 자기 자신을 계속 복제해서 하드디스크의 저장 공간을 많이 차지해 버리지. 복제 기능은 있지만 해를 끼치지는 않는다는 점에서 바이러스와 구별되지.

두 번째는 트로이 목마 프로그램이야. 그리스 전설에서 이름을 따온 트로이 목마는 프로그램의 기능을 속여서 사용자를 혼란에 빠뜨리지. 예컨대 초창기 컬러 모니터가 비싼 값에 거래되던 시절, 흑백 모니터에서 컬러 프로그램을 실행하게 해 준다고 속여 이용자를 골탕 먹인 일이 있었어. 이런 프로그램의 진짜 목적은 컴퓨터를 손상시키는 것이기 때문에 아무 프로그램이나 덥석 다운 받아서는 아주 위험하지.

요즘 관심을 끄는 해킹 프로그램도 바이러스의 아류로 볼 수 있어. 해킹 프로그램에 감염되면 외부에서 컴퓨터를 마음대로 조작할 수 있지. 컴퓨터를 파괴하는 기능은 없지만 컴퓨터 사용 권한을 외부 사용자에게 넘겨주기 때문에 특히 위험하단다.

제 3 장

디지털 혹은 정보화 혁명

앨빈 토플러라는 유명한 미래학자가 있어.

그는 1980년에 『제3의 물결』이란 책을 출간하여

전 세계인의 눈길을 끌었지.

이 책에서는 미래 사회를 정보화 사회라고 못 박았어.

제1의 물결인 농업 혁명이 수천 년에 걸쳐 진행된 데 비해

제2의 물결인 산업 혁명은 300여 년 정도밖에 걸리지 않았으며,

제3의 물결인 정보화 혁명은 20~30년 내에 이루어질 거라 내다봤지.

그의 예상은 맞아떨어져 우리는 지금 제3의 물결인

제3차 산업 혁명 시대에 살고 있어.

디지털 혹은 정보화 혁명이라고도 불리는 이 시대는

어디쯤 와 있으며, 어디로 가고 있는지 한번 알아볼까?

 **1. 아날로그에서 디지털 시대로**

우리는 지금 앨빈 토플러가 예언한 '제3의 물결'인 정보화 혁명의 혜택을 누리며 살고 있어. 9천여 년 전의 농업 혁명, 250여 년 전의 산업 혁명에 이은 정보화 혁명은 이전의 혁명과는 비교하지 못할 만큼 빠른 속도로 우리 삶을 변화시키고 있지. 이런 변화의 중심에 디지털 기술이 자리하고 있단다.

'디지털'이란 말을 이해하기 위해서는 먼저 '아날로그'라는 말을 알아야 해. 세상에 있는 사물이나 소리는 대개 아날로그 형태야. 예컨대 물소리나 새가 날아가는 모습은 연속적으로 이어지기 때문에 아날로그라고 할 수 있지. 이에 반해 디지털은 아날로그 형태를 일정한 부호로 변화시킨 것을 말해.

예를 들어 호스에서 계속 쏟아지는 물과 기관총에서 총알이 발사되는 모습을 비교하면 이해하기 쉬울 거야. 아날로그 신호는 모양이나 형태를 계속 바꾸면서 이어지는 연속적인 전자파라고 할 수 있어. 호스에서 물줄기가 계속 쏟아지듯이 말이야.

이에 비해 디지털은 하나하나가 끊어진 채 나오는 전자 신호야. 마치 기관총에서 총알이 하나씩 튀어나오는 것과 같은 방식으로 전자파를 전달하지. 그 총알 역할을 하는 것이 0과 1이란 숫자야. 디지털 방식은 모든 정보를 0과 1이라는 이진법으로 주고받거든.

컴퓨터의 작동 원리가 바로 이런 이진법이야. 0이나 1의 비트(bit) 8개가 모이면 1바이트라고 해. 바이트는 컴퓨터가 정보나 자료를 전송하는 가장 작은 단위야. 디지털 전송 속도는 1초당 나를 수 있는 바이트 수로 계산해. 바이트가 천 개면 킬로바이트(KB), 킬로바이트 천 개면 메가바이트(MB), 메가바이트 천 개면 기가바이트(GB) 등 숫자가 높아질수록 속도가 빠르지. 쉽게 말해 돈을 셀 때 십 원, 백 원, 천 원, 만 원처럼 단위가 높아지는 거라고 보면 돼.

디지털과 아날로그를 비교하기 위해서 재미난 실험을 할 수 있어. 두 사람이 100미터 떨어진 거리에서 말소리를 알아듣는 실험이야. 아날로그 방식을 쓰는 쪽은 종이컵 두 개를 실로 연결하여 소리를 전달하고, 디지털 방식을 쓰는 쪽은 이진법 코드를 이용한 모스 부호로 '난 너 사랑해!'라는 말을 전달하는 거야.

아날로그 방식은 사람의 말소리가 연결된 실을 따라서 상대방 귀에 전달되지. 하지만 거리가 멀수록 말소리가 변형될 수 있어. '사랑해.'라는 말이 '썰렁

해.'라는 말로 잘못 전달될 수 있지.

이에 반해 디지털은 변형되지 않고 정확하게 전달돼. 디지털 신호의 가장 큰 장점은 아날로그에 비해 정보가 아주 정확하고, 신호를 잘못 전달할 위험이 거의 없다는 거야. 컴퓨터가 디지털 방식으로 움직이는 대표적인 기계지.

그런데 원래 아날로그 신호가 디지털 신호에 비해 뒤떨어지는 것은 결코 아니야. 다만 문제는 멀리 떨어진 곳까지 전송하는 동안 신호가 변형되고 잡음이 끼어든다는 거지.

과거의 통신 장비나 대중 매체는 대부분 아날로그 신호를 써서 소리와 영상을 운반했어. 그래서 거리가 멀면 수신 상태가 좋지 않은 경우가 많았단다. 텔레비전 방송국에서 보낸 아날로그 신호가 산 넘고 강 건너 멀리 여행하는 동안 여러 장애물에 부딪쳐 화면에 잡티가 생기거나 떨림이 일어났던 거지.

라디오도 사정이 비슷했어. 여행을 가서 산속에서 라디오를 들으려고 하면 전파가 잘 잡히지 않아 애를 먹곤 했어. 전화 역시 멀리 떨어진 지역과 통화할 때는 잡음이 많이 생겼단다. 그것은 아날로그 신호가 장애물에 막혀 제대로 전달되지 않아서 그런 거야.

하지만 디지털 기술이 발달한 지금은 이런 일이 옛이야기가 되었어. 디지털 혁명은 0과 1이라는 두 개의 숫자를 전자 신호로 만들어 문자, 영상, 음성 등을 담아내기 때문에 인종이나 국가, 거리와 상관 없이 어디서나 정보를 주고받을 수 있지. 그래서 세계 각국은 디지털 혁명에 뒤처지지 않으려고 지금도 온갖 노력을 기울이고 있단다.

 ## 2. 인터넷으로 지구촌은 한 가족

흔히 인터넷을 '정보의 바다'라고 불러. 넓고 깊은 바다처럼 엄청난 정보가 숨어 있기 때문이지.

정보화 혁명을 몰고 온 인터넷은 전 세계의 컴퓨터가 하나의 그물처럼 연결된 통신 그물이라 할 수 있어. 이처럼 컴퓨터들이 서로 얽혀 있기 때문에 필요한 자료와 정보를 국경을 넘나들며 찾아볼 수 있지. 새로운 지구촌 문화를 만들고 있는 인터넷은 어떻게 탄생한 걸까?

1946년 최초의 컴퓨터인 에니악이 나온 이후 컴퓨터는 눈부신 발전을 거듭했어. 현재 컴퓨터는 우리 생활의 필수품이 되었지만 그 역사를 따져 보면 기껏해야 반세기가 좀 지났을 뿐이야. 그런데 인터넷의 역사는 컴퓨터보다 훨씬 짧아.

인터넷은 1969년 미국 정부에서 추진했던 아르파넷(Arpa Net)의 탄생과 함께 시작되었어. 아르파넷이 뭐냐고? 이건 쉽게 말해 군사용 통신망이야. 미국 국방성의 여러 부서와 군수업체 연구원들이 서로 정보를 신속히 교환할 수 있도록 만든 거지.

그런데 시간이 지나면서 아르파넷의 성격이 변하기 시작했어. 개인이나 회사, 그리고 여러 기관이 참여함에 따라 대중화가 된 거야. 군사 기밀을 다루는 군대에서는 정보가 유출될 우려가 있었어.

그래서 밀리넷(Mili Net)이란 새로운 통신망이 생겨났어. 원래의 목적인 군사용 통신망 기능을 따로 분리한 거야. 밀리넷이 생기면서 아르파넷은 순수한 민간인 통신망으로 탈바꿈했지. 이후로 아르파넷은 아이피(IP)라 불리는 통신 암호를 정하고, 통신할 때마다 암호를 주고받은 다음 정보를 교환했단다.

한편 미국과학재단에서는 1986년 아르파넷과 같은 통신 암호를 사용하는 엔에스에프넷(NSF Net)이란 통신망을 만들었어. 이 두 통신망이 서로 연결되면서 지금 인터넷의 뿌리가 된 거야.

현재 인터넷은 사용자의 목적에 따라 다양하게 이용할 수 있어. 과학자는 과학 정보를, 선생님이나 학생은 교육 정보를, 기상학자는 기상 정보를, 그리고 어린이는 게임이나 학습 정보를 얻을 수 있지. 또한 인터넷을 통해 게임을 즐기고, 음악을 듣고, 이미 지나간 텔레비전 프로그램도 시청할 수 있단다.

국내뿐 아니라 해외 어느 나라든 인터넷만 연결되면 정보의 교류가 가능해. 예전 같으면 직접 비행기를 타고 가서 해외 자료를 보거나 우편으로 받는 수밖에 없었지. 하지만 지금은 가만히 앉아서도 미국, 영국, 프랑스, 독일 등 여러 나라의 도서관 자료와 박물관 그림 등을 찾아볼 수 있어. 지구 반대편에서 이루어지는 외국인 교육 전문가의 강의를 인터넷으로 들을 수 있는 시대가 되었지.

그야말로 인터넷 덕분에 전 지구촌이 한 지붕 아래 있게 된 셈이야. 이제 인터넷은 현대인에게 없어서는 안 될 필수 도구이며, 우리 생활의 요술 상자가 되었지.

아이피(IP)는 뭐고, 도메인(domain)은 뭐지?

세계의 수많은 컴퓨터는 인터넷을 통해 거미줄처럼 연결되어 서로 정보를 주고받을 수 있지. 그런데 어떻게 똑같이 생긴 컴퓨터를 서로 알아보는 걸까?

대답은 간단해. 우리는 똑같은 전화기를 쓰지만 자기가 원하는 곳에 전화를 걸 수 있어. 왜냐하면 전화기마다 고유한 전화번호가 있기 때문이지.

컴퓨터도 마찬가지야. 각자의 전화번호처럼 고유한 번호를 가지고 있어. 이것을 '아이피'라고 해. 이 아이피 덕분에 전 세계의 컴퓨터는 서로를 알아보며 통신할 수 있단다. 아이피는 숫자로 구성되어 있어. 예를 들어, '210.125.204.213'과 같이 대개 네 부분으로 나누어져 있지. 전 세계에서 자기 전화번호는 하나밖에 없듯이, 인터넷 주소인 아이피 또한 컴퓨터마다 하나밖에 없어.

그런데 보통 사람들은 숫자보다는 문자를 더 좋아해. 문자가 더 기억하기 편리하기 때문이지. 숫자로 구성된 아이피를 문자로 바꾸어 놓은 것이 '도메인'이야. 예를 들면, 우리가 흔히 보는 'www.kbs.co.kr' 하는 식의 도메인은 사실 그 속에 '210.125.204.213'이라는 아이피 주소를 글자 형태로 옮긴 거라고 보면 돼.

3. 뉴미디어 시대, 인터넷 방송

21세기는 뉴미디어 시대야. '미디어'란 신문이나 라디오, 텔레비전처럼 여러 사람들에게 소식과 정보를 알려 주는 매체를 말해. 인터넷이 급속하게 확산하면서 인터넷과 방송이 결합하여 새로운 형태의 뉴미디어를 만들어 냈어. 안방 텔레비전이 아닌 컴퓨터에 의해 새롭게 탄생한 인터넷 방송이야.

인터넷 방송은 소규모 라디오 방송으로 시작되었어. 그러다가 동영상을 제공하는 텔레비전 방송국 형태로 급속하게 발전했지. 인터넷 방송은 처음에는 손바닥만 한 크기의 화면과 흐릿한 화질 때문에 컴퓨터 마니아들의 재미난 실험쯤으로 여겨졌어. 그런데 인터넷 방송이 텔레비전 못지않은 화질과 다양한 볼거리를 제공하면서 텔레비전 방송을 위협하게 되었지.

사정이 이렇게 되자 기존의 텔레비전이나 라디오 방송국에서도 인터넷 방송에 눈을 돌렸어. 우리나라의 대표 공영 방송인 KBS는 전파와 인터넷으로 동시 방송을 하고 있어. 그래서 인터넷에 연결된 컴퓨터라면 전 세계 어디서든 KBS 방송을 볼 수 있지. KBS뿐 아니라 다른 방송국도 같은 방법으로 방송을 보내기 때문에 외국에 나가 있는 우리 교민도 똑같은 방송을 실시간으로 볼 수 있어. 거꾸로 우리나라에서도 미국의 ABC나 CNN 뉴스 등 세계의 유명 방송을 시청할 수 있단다.

　기존의 방송국들이 이렇듯 인터넷 방송에 뛰어든 까닭은 그만큼 매력이 있기 때문이지. 인터넷 방송은 안방 텔레비전과는 달리 쌍방향의 체계를 가지고 있어. 다시 말해서 일정한 시간대에 맞추어 시청하는 기존 방송과는 다르게 인터넷 방송은 언제 어디서나 원하는 방송을 골라 보고, 시청자가 방송에 참여할 수 있는 거야. 생방송 도중에도 시청자가 댓글을 올려 자신의 의견이나 방송 소감을 말할 수도 있단다.

　물론 기존 방송국과 달리 인터넷을 통해서만 방송하는 인터넷 전용 방송국도 많이 생겨났어. 마음만 먹으면 우리 스스로 집에서 조그만 방송국을 운영할 수 있는 시대가 되었거든.

　인터넷 방송의 최대 장점은 텔레비전 방송과 달리 채널 수가 엄청 많고, 방송 시간에 제약이 없다는 거야. 인터넷 상에는 영화, 드라마, 뮤직비디오 등을 비롯하여 뉴스, 재테크, 건강, 홈쇼핑 등 수천 개의 채널이 있지.

인터넷 전용 방송의 또 다른 매력은 기존의 텔레비전 방송이 다루지 못하는 전문 영역이나 틈새 영역을 집중적으로 다루는 거야. 어떤 인터넷 방송에서는 극장 개봉 영화에서 잘린 부분만 모아서 영화 팬들에게 보여 주지. 영화 팬 중에는 잘린 컷을 더 재미있게 보는 사람도 있거든. 또 어떤 방송에서는 광고나 뮤직비디오 촬영 때 출연자들의 실수 장면만 모아서 인터넷을 통해 방영해 큰 인기를 끌고 있어. 디지털 통신이 발달하면서 인터넷은 점점 만능 박사가 되어 가고 있단다.

나 홀로 방송국

옛날 같으면 개인이 방송을 한다는 건 엄두도 못 낼 일이야. 하지만 인터넷이 일상이 되면서 완전히 다른 세상이 되었어. 비디오카메라와 서버용 컴퓨터만 있으면 보통 사람도 얼마든지 방송국의 주인이 될 수 있지. 요즘 기업에서는 인터넷 방송을 광고 수단이나 사업에 이용하기도 해. 기업뿐 아니라 개인도 집 안에서 장비를 갖추면 얼마든지 나 홀로 방송국을 차릴 수 있어. 그래서 먹는 방송, 여행하는 방송, 옷 입는 방송, 수다 떠는 방송 등 헤아릴 수도 없이 많은 채널이 생겨났지.

그런데 '나 홀로 방송국'은 누구나 운영할 수 있다는 점 때문에 문제가 되기도 해. 시청자의 관심을 끌어 수익을 올리려고 폭력적이거나 야한 장면을 여과 없이 그대로 방송에 내보내 눈살을 찌푸리게 만들기도 하거든.

 **4. 21세기는 빛이 지배한다?**

"으응, 무슨 말이야? 빛이 세상을 지배하다니?"

어떤 사람은 이렇게 생각하며 고개를 갸웃거릴지도 몰라. 여기서 말하는 빛이란 단순히 태양 광선을 뜻하는 건 아니야. 도대체 무슨 빛이냐고?

요즘 첨단 기술에 대한 이야기를 듣다 보면 '광통신'이나 '광섬유'라는 말을 흔히 접하게 돼. 텔레비전이나 책을 통해 '레이저 광선'이란 말도 들어 봤을 거

야. 레이저나 광통신 등은 바로 빛을 이용한 기술인데, 이미 실험 단계를 넘어서 우리 실생활에서 어렵지 않게 찾아볼 수 있어.

예를 들어 편의점에서 물건을 살 때 찍는 바코드나 음악을 들을 때 쓰는 콤팩트디스크(CD), 사진이나 자료를 읽는 스캐너, 레이저 프린터 등이 모두 빛을 이용한 첨단 장비야.

그러면 과학자들은 왜 빛에 관심을 기울이는 걸까? 오늘날 우리 사회를 흔히 '초고속 정보화 사회'라고 해. 정보화 사회의 핵심은 속도에 있어. 수많은 정보량을 얼마나 빨리 전달하느냐가 아주 중요하거든.

지금 우리가 사용하는 컴퓨터는 대부분 전자식이야. 그런데 전자 대신 빛을 이용하면 정보의 전달 속도가 비교할 수 없을 만큼 빨라져. 왜 그럴까?

본래 전자와 빛은 똑같은 속도를 가지고 있어. 1초에 30만 킬로미터를 움직

이지. 그런데도 전자가 빛보다 더 느린 데는 그만한 이유가 있단다.

전자는 전선이나 전기 회로를 따라 달릴 수밖에 없어. 전선은 전자가 달리는 길인 셈이야. 자동차가 성능이 아무리 좋아도 비행기를 당할 수 없는 것은 바퀴가 도로 위를 달리면서 마찰을 일으키기 때문이야. 마찬가지로 전자도 전선 속으로 달리면서 전선의 재료인 구리나 철의 원자와 충돌을 일으키지. 그래서 전자는 복잡한 회로를 통과하면서 원래 속도의 절반밖에 내지 못하는 거야.

하지만 빛은 달라. 아무것도 간섭하는 것이 없기 때문에 제 속도를 낼 수가 있지. 빛의 장점을 이용해 컴퓨터를 만든다면 어떨까? 전자식 컴퓨터보다 훨씬 성능이 우수할 거야. 그러나 이런 컴퓨터는 아직까지 못 만들고 있어. 그만큼 만드는 기술이 어렵기 때문이야.

빛은 여러 장점도 있지만 단점도 있어. 빛이 빠르긴 하지만 통제하기가 몹시 어렵단다. 빛을 이용해 자료나 정보를 처리하려면 마음대로 빛의 흐름을 조절하고 정보를 실어 나르는 기술이 개발되어야 해. 그런데 빛은 전자보다 조절이 어렵기 때문에 그런 장치를 개발하는 데 많은 시간이 걸리는 거야.

지금은 정보를 처리하는 데는 전자식 컴퓨터를 이용하고, 처리한 결과를 전달하는 데는 전선 대신 광섬유를 이용하고 있어. 즉 광섬유를 통해 속도가 빠른 빛을 활용한 셈이지. 앞으로 신기술이 개발되어 빛의 활용도가 높아진다면 지금의 전자 제품이나 컴퓨터 시스템보다 훨씬 더 발전한 발명품이 나와서 우리를 놀라게 할지도 몰라. 21세기를 '빛의 시대'라고 부르는 건 그 때문이지.

레이저가 궁금해!

빛을 이용해 정보 처리를 한다는 아이디어가 처음 나온 건 레이저가 발명된 직후야. 레이저란 햇빛이나 형광등 빛과는 달리 아주 가늘고 고른 빛이지.

우리가 눈으로 볼 수 있는 가시광선은 여러 파장이 모인 빛이야. 빛을 프리즘으로 분해하면 빨주노초파남보의 무지개 색으로 갈라지지. 학교에서 이런 실험을 해 보았을 거야. 이에 반해 레이저는 한 가지 파장만을 가진 깨끗한 빛이야. 한 가지 파장이기 때문에 한 점으로 집중시키기가 쉽단다. 레이저 광선을 이용해 물건을 자르거나 가공할 수 있는 까닭도 레이저의 이런 성질 덕분이지.

레이저는 광선을 만들어 내는 재료에 따라서 여러 가지로 분류해. 실생활에 주로 쓰이는 기체 레이저, 군사 무기로 사용할 수 있는 고체 레이저, 의료 시술용으로 사용하는 액체 레이저, 콤팩트디스크나 통신에 쓰이는 반도체 레이저 등이 있지.

예를 들어 기체 레이저에 속하는 바코드 판독기를 살펴볼까? 바코드 판독기의 레이저는 헬륨, 네온 같은 기체를 이용한 적색광이야. 슈퍼마켓에서 바코드를 읽을 때 판독기에서 붉은색이 나오는 건 그 때문이란다.

바코드의 원리는?

여러 상품의 포장 겉면에 굵은 막대기 모양의 검은 선이 늘어선 것을 본 적이 있을 거야. 이 선을 '바코드'라고 불러. 요즘은 갖가지 제품에 바코드가 표기되어 있어. 책이나 의약품, 전자 제품은 물론이고 과자 봉지에서도 바코드를 쉽게 찾아볼 수 있지.

바코드에는 그 상품에 대한 정보가 기록되어 있어. 바코드는 나라마다 고유 번호가 있으나 기록하는 방식은 세계 공통이야. 맨 왼쪽에는 국가 번호, 그다음은 회사 번호, 그리고 상품 번호 순서지.

바코드의 원리는 빛을 이용해서 검은 막대처럼 생긴 선을 읽어 여러 정보를 파악하는 거야. 이처럼 빛을 이용해서 물체의 성질, 속도, 온도 등을 측정하는 장치를 '광센서'라고 해. 광센서는 상품의 포장을 뜯지 않고도 순식간에 정보를 파악할 수 있지.

바코드를 가만히 살펴보면 막대기의 굵기나 간격이 일정치 않아. 광센서는 이 막대의 굵기와 간격으로 여러 가지 정보를 얻는 거란다.

5. 게임 산업이 낳은 직업, 프로게이머

시대가 변함에 따라 어떤 직업은 없어지기도 하고 새로운 직업이 생겨나기도 해. 예전 아이들에게 장래 희망에 대한 설문 조사를 하면 법관이나 변호사, 의사 등이 대부분이었어. 그러다가 방송 매체의 급속한 발달로 요즘 아이들의 희망은 연예인이나 가수, 댄서 등으로 바뀌었지.

이제는 컴퓨터 통신의 발달로 새로운 직업이 생겨나면서 선망하는 직업도 완전히 새로워졌어. 그중의 하나가 프로게이머야. 정보 통신망이 만든 21세기의 새로운 직업이라 할 수 있지.

과거에는 컴퓨터 게임을 단지 전자오락 정도로만 생각했어. 게임에 빠진 아이들을 혼낼 때 이렇게 다그치곤 했지.

"그렇게 게임만 하면 밥이 나오냐, 돈이 나오냐?"

그런데 이제 게임을 잘하면 밥도 나오고 돈도 나오는 세상이 되었어. 게임 산업이 인터넷과 결합하면서 폭발적으로 성장했거든.

한 게임 전문 잡지사에서 중고생 1천 명을 대상으로 설문 조사를 벌였는데 그중 50퍼센트 정도가 프로게이머를 희망한다고 밝혔다는구나. 게임을 즐기는 청소년들에게는 게임을 하면서 돈도 벌 수 있다는 사실이 무엇보다 매력적인 거지.

게임 산업이 커지면서 각종 대회도 늘어나는 추세야. 방송으로 중계가 되는 규모가 큰 대회부터 대학이나 지역 단체 혹은 PC방에서 개최하는 소규모 대회까지 무척이나 다양하지. 축구나 야구처럼 정규적인 프로 게임 리그까지 생겨났어.

프로게이머로 성공하려면 각종 대회에 나가 좋은 성적을 거두어야 해. 세계적으로 인기 있는 게임의 챔피언이 되면 연예인처럼 텔레비전 광고 모델이 되기도 해. 게이머가 인기 있는 대중 스타로 대우받는 거지. 게임을 하면서 돈도 벌고 스타가 된다면 그야말로 꿩 먹고 알 먹고야.

하지만 프로게이머가 되는 길은 낙타가 바늘구멍 들어가는 것만큼이나 어려워. 게이머가 되려면 피나는 노력을 해야 하지. 프로의 세계에서는 최고가 아니면 살아남지 못하거든.

축구나 야구 같은 스포츠 세계에서 프로 선수가 되지 못할 경우 그 길을 포기할 수밖에 없어. 게이머도 마찬가지야. 프로 게임 구단이 자신을 선택해 주지 않으면 프로의 길을 포기할 수밖에 없지. 따라서 한순간의 호기심이나 인기를 좇아 프로게이머가 되겠다고 생각한다면 그리 바람직한 태도가 아니란다.

게임에도 예절이 있다!

컴퓨터를 다루는 사람이면 누구나 한 번쯤 게임을 해 보았을 거야. 요즘 신문에는 간혹 컴퓨터 게임 때문에 생긴 문제들이 기사로 실리곤 해. 게임을 하다가 자기가 가진 무기를 빼앗기면 그 분풀이로 게임 상대를 실제로 찾아가 해코지를 하거나 힘을 써서 억지로 무기를 다시 빼앗아 오는 일이 벌어지곤 하지.

왜 이런 일이 생겨나는 걸까? 게이머 중에는 사이버 공간을 현실과 혼동하는 경우도 있어서 게임에 지면 쉽게 흥분하는 일이 많아. 또 사이버 공간에서는 자신의 신분을 감출 수 있기 때문에 현실에서는 하지 못하는 욕설이나 좋지 않은 표현을 거침없이 쏟아내 남들에게 불쾌감을 주기도 해.

게임 문화가 이처럼 나빠지게 된 데에는 게임 자체가 너무 폭력적이라는 이유도 있어. 게임 속에서 사람을 죽이고, 이를 통해 상대방의 능력을 빼앗아 오는 게임 구성은 사람들 간의 싸움을 부추기는 면이 있어. 앞으로 게이머들은 승부에 대한 지나친 집착을 버리고, 게임은 이기는 것이 아니라 즐기는 거라고 생각하면 좋겠어.

6. 컴퓨터 속의 가상 현실

'내가 저 속에 들어가 탐험을 즐길 수 있다면….'

멋진 그림이나 재미있는 만화 영화를 보다가 이런 엉뚱한 생각을 할 때가 가끔 있지? 물론 이것은 꿈에서나 이루어질 수 있는 얼토당토않은 상상일 뿐이야. 하지만 그런 상상이 실제로도 일어날 수 있단다. 바로 컴퓨터를 이용한 '가상 현실'을 통해서 말이야.

요즘 텔레비전을 보면 가끔 헬멧과 특수한 장갑을 끼고 허공을 더듬는 듯한 동작을 하는 모습을 볼 수 있어. 바로 가상 현실을 이용한 컴퓨터 게임을 즐기는 모습이지. 우리 눈에는 우스꽝스럽게 보일지 모르지만 그 사람은 머나먼 우주 공간을 날아다니며 신비한 별나라를 구경하고, 괴물들과 힘겨운 싸움을 벌이는 중일지도 몰라.

컴퓨터 공간에서는 우리가 사는 현실과는 다른 또 하나의 새로운 세계가 펼쳐지고 있어. 눈앞에 보이는 진짜 현실이 아니라 컴퓨터가 만들어 낸 가상 현실이지. 가상 현실은 실체가 없는 마술 같은 세계야.

그런데 가상 현실을 잘만 사용하면 우리 실생활에 큰 도움이 된단다. 특히 비행기 설계를 하는 사람들은 가상 현실에서 아주 큰 도움을 받을 수 있어. 항공 분야에서 비행기를 설계하는 일은 아주 까다롭거든. 비행기가 하늘을 쉽게 나는 것 같지만 사실은 그렇지 않아. 하늘에는 늘 세찬 바람이 요리조리 복잡하게 불기 때문에 비행기는 늘 조심해야 하지.

그래서 제작자들은 비행기가 날 때와 똑같은 상황을 만들어 실물과 똑같은 모형 비행기로 시험을 해. 가상 현실을 이런 설계 분야에 활용하면 설계도상으로 만들어진 비행기를 조종사가 직접 몰고 하늘을 나는 듯한 체험을 할 수 있어. 가상 현실 속에서 비행 성능은 물론이고 기체 내부의 구조나 쾌적함까지 완벽하게 시험할 수 있지.

마찬가지로 가상 현실은 집을 짓는 사람들에게도 큰 도움이 될 거야. 설계도

상으로는 괜찮은 집도 막상 짓고 나면 생각지 않은 문제가 생길 수 있거든. 이럴 때 가상 현실로 미리 지어 보면 집이 완성되었을 때 어떤 느낌일지 확인할 수 있지. 헬멧과 장갑, 특수복을 입고 가상의 집 안으로 걸어 들어가 문을 열어 보는 거야. 그러면 침실이나 응접실의 크기도 실제와 똑같이 느낄 테니까.

가상 현실은 교육 분야에서도 무척 유용해. 특히 과학이나 역사처럼 시청각 교육이 필요한 과목에 큰 효과가 있을 거야. 예를 들어, 경주 불국사에 대해 공부한다면 가상 현실을 통해 직접 그곳을 답사할 수 있어. 또 과학 시간에는 눈에 보이지 않는 미세한 원자의 세계를 가상 현실을 통해 체험할 수도 있지.

뿐만 아니라 외국어를 배우는 사람들도 가상 현실 덕분에 쉽게 외국어 회화를 익힐 수 있을 거야. 가상 현실 속에서 미국이나 일본의 거리를 걸으면서 외국어로 된 간판도 둘러보고, 지나가는 사람들과 자연스레 대화를 하다 보면 짧은 시간 동안 그 나라 말을 익힐 수 있겠지.

선진국에서는 가상 현실을 레저나 스포츠에 이용해 큰 성공을 거두고 있단다. 시간이 부족한 현대인이 가상 현실을 이용하면 별다른 준비 없이도 다양한 운동 경기를 즐길 수 있지. 시원한 바다를 배경으로 파도타기를 하고, 패러글라이딩으로 하늘을 날고, 카누를 타고 계곡 탐험을 할 수도 있지.

한편 가상 현실을 이용해 편히 쉴 휴게실을 만든 곳도 있어. 휴게실에 들어간 사람들은 특수한 헬멧을 쓰고 저마다 편안한 의자에 누워서 자기가 좋아하는 풍경이나 물소리, 바람 소리 등을 들으며 휴식을 취하는 거야.

어떤 장치는 어머니의 뱃속에 있는 듯한 느낌을 주려고 둥근 알 모양으로 만들어 놓았다고 해. 이 장치는 특수한 광선과 향기를 이용해 무척이나 편안하고 쾌적한 느낌이 든다는구나.

우리 주변에서는 아직까지 이런 장치를 찾아보기는 힘들어. 그러나 머지않아 가상 현실이 생활의 일부가 될 날이 올 거야.

가상 현실을 즐기는 기본 장비

가상 현실은 컴퓨터를 이용해 인위적으로 만든 환경이기 때문에 그 속에 들어가려면 특수한 장비가 꼭 필요해.

먼저 '데이터 장갑'이 있어야 해. 이것은 특수한 감각 장치가 붙은 장갑으로, 손의 움직임을 파악해 손의 위치를 전기 신호로 바꾸어 컴퓨터에 보내 주는 역할을 하지. 최근에는 이 장갑을 끼고 있는 사람에게 우리가 어떤 물건을 만질 때와 똑같은 느낌을 주는 방법까지 연구하고 있어.

이를테면 가상 현실에서 밀가루를 만지면 물렁물렁한 느낌이 나고, 나무를 만지면 딱딱한 느낌이 나도록 말이야.

다음은 '데이터 슈트'야. 이것은 데이터 장갑과 마찬가지 원리인데 우리 몸의 움직임을 컴퓨터에 알려 주는 역할을 해. 춤을 추는 것처럼 흔들어 대면 가상 현실 속의 자신도 역시 춤을 추듯 몸을 흔드는 거지.

마지막으로 헬멧 모양으로 머리에 쓰는 '아이폰'이 있어. 아이폰에는 양쪽 눈 위치에 두 개의 액정 모니터 화면이 달려 있고, 귀에는 이어폰이 장치되어 있지. 그렇기 때문에 이 장치를 머리에 쓴 사람은 눈앞에서 벌어지는 입체 영상과 스테레오 음향을 생생하게 느낄 수 있단다.

7. 디지털 시대의 무법자, 해커

이 편지는 범인한테 온 거였어. 범인은 조롱 섞인 메시지를 남김과 동시에 또다시 컴퓨터 전산망에 침입해 마음껏 정보를 빼내 갔어. 범인은 꼭꼭 숨기는커녕 오히려 자신을 잡으려는 컴퓨터 보안 책임자를 비웃었지.

범인의 이런 행동은 결국 덜미를 잡히고 말았어. 1995년 2월 16일, 미국 노스캐롤라이나 주에서 마침내 범인이 체포된 거야. 그의 이름은 케빈 미트닉. 아직도 전설적인 해커로 많은 사람들의 기억 속에 남아 있지.

'해킹'은 이처럼 컴퓨터 전산망을 이용해 다른 사람의 컴퓨터에 들어가 보안 장치를 푼 다음 컴퓨터를 고장 내거나 자료를 유출, 변조, 파괴하는 행위를 말해. 이런 일을 하는 사람을 '해커'라고 부르지.

당시 미트닉은 자신이 빼낸 정보를 전혀 사용하지 않았어. 아니, 처음부터 사용할 생각이 전혀 없었지. 그는 단지 자신의 컴퓨터 실력을 과시하려고 그런 행동을 했을 뿐이야. 물론 해킹을 당한 측에서는 무척 당황스럽고 큰 피해를 입은 셈이지만.

그런데 해킹을 한 사람에게 그다지 큰 비난이 쏟아지지 않는 경우도 있어. 미트닉이 경찰에 체포되었을 때 그를 석방하라는 메시지가 올라오기도 했거든. 왜 그런 현상이 일어났을까?

먼저 해커의 놀라운 두뇌에 사람들은 놀라움을 금치 못했어. 작은 개인용 컴퓨터로 국가 조직이나 거대한 기업의 전산망을 마음껏 휘젓고 다니는 짓은 아무나 쉽게 할 수 없는 일이거든. 해커는 또 일반적인 강도나 절도 범죄와 달리 흉기를 들지 않고 세련된 디지털 지식으로 무장했기 때문에 사람들에게 거부감을 주지 않아. 게다가 보안 전문가와 해커와의 두뇌 싸움은 흥미진진한 구경거리가 되기도 하지.

하지만 해킹은 엄연한 범죄 행위야. 자신의 컴퓨터 실력을 범죄의 도구로 이용하는 거지. 그들은 교통, 통신, 금융 분야는 물론이고 국가 안보까지 위협할 수 있어. 예를 들어 원자력 발전소에 침입해 가동을 멈추게 한다면 국가적 재난이 닥칠 수도 있잖아.

또한 인터넷을 통해 거래가 이루어지는 사이버 뱅킹, 사이버 증권 거래, 사이버 쇼핑 사이트에서 회원의 개인 정보나 카드 번호 등을 도둑맞을 수 있기 때문에 누구든지 피해자가 될 수 있단다.

해커와 크래커

해커는 범죄자일 수도 있고, 사이버 시대의 영웅일 수도 있어. 뛰어난 컴퓨터 실력을 잘 이용하면 도움을 주기도 하지만 잘못 사용하면 큰 피해를 주기 때문이야.

최초의 해킹은 1878년, 십 대 소년들이 전화선을 끊거나 스위치를 조작해 엉뚱한 사람끼리 연결시키며 장난 친 사건이야. 컴퓨터에 의한 해킹은 1960년대, 미국의 학생 두 명이 몇 시간이나 걸리던 메인 컴퓨터의 접근 프로그램을 빠른 시간에 접근할 수 있도록 바꾸어 버린 일에서 비롯했대.

이때의 해킹은 지금처럼 그렇게 나쁜 의미는 아니었지. 그래서 해커와 크래커를 구분해야 한다고 주장하는 사람도 있어. 해커는 여러 프로그램을 마음대로 다룰 줄 아는 프로그램 전문가이고, 프로그램을 몰래 빼 가거나 훼손시키는 사람을 '크래커'라고 불러야 한다는 거지. 이렇게 보면 해커와 크래커는 종이 한 장 차이야. 해커가 나쁜 마음을 먹으면 언제든지 크래커가 될 수 있으니까. 따라서 해킹을 통해 자신의 컴퓨터 실력을 뽐내는 건 삐뚤어진 행동일 뿐이란다.

사이버 세계의 119, 컴퓨터 보안사

아무리 완벽한 컴퓨터 프로그램을 만든다 해도 해킹을 막을 수는 없어. 그래서 컴퓨터 보안사의 역할이 점점 커지고 있지. 컴퓨터 전문가로 구성된 보안 전문 회사까지 생겨나고 있단다.

그렇다면 컴퓨터 보안사는 무슨 일을 할까? 이들은 컴퓨터 전산망에 사고가 발생하면 즉시 현장에 출동해 응급 복구 작업을 해. 컴퓨터를 지켜 주는 사이버 세계의 119라고 부를 만하지. 그런 다음 해킹한 사람을 추적하고, 컴퓨터 보안의 문제점을 찾아내 대책을 마련해 주지.

또 이들은 일반 기업체의 전산망과 인터넷 전자 상거래 업체의 해킹 예방에도 힘쓰고 있어. 먼저 이들은 해커처럼 기업이나 인터넷 업체의 전산망에 침투해 어떤 곳에 약점이 있는지를 파악해. 문제가 있는 곳이 발견되면 해커들이 침입하지 못하도록 철저한 방어 시스템을 만들어 주지.

미래에는 국가 간에 총칼이 아닌 사이버 전쟁을 벌인다고 해. 그러한 시대가 되면 컴퓨터 보안사는 외국의 해커에 맞서 싸우는 '국가 대표 해커'로서 역할도 해야 할 거야. 잘 키운 해커 한 명이 육군 보병 1만 명보다 더 효과적인 전투력을 발휘한다는 이야기도 있단다.

제 4 장

제4차 산업 혁명의 미래 기술

1990년대 이후부터 지금까지 이어지는

제3차 산업 혁명의 핵심은 무엇일까?

두말할 것도 없이 컴퓨터와 인터넷이야.

우리는 지금 디지털을 기반으로 한 지식 정보화 사회에 살고 있어.

시간이 갈수록 기술의 발전 속도는 점점 빨라지고 있지.

인류는 바야흐로 제3차 산업 혁명 시대를 지나

제4차 산업 혁명 시대를 맞이할 준비를 하고 있어.

곧 다가올 제4차 산업 혁명 시대에는

어떤 놀라운 산업 기술이 등장할지 한번 알아볼까?

 **1. 볼 수도 만질 수도 없는 가상 화폐, 비트코인**

화폐는 우리 경제생활에 꼭 필요한 도구야. 옛날부터 지금까지 화폐는 여러 형태로 발전해 왔어. 원시 시대에는 물물교환을 하거나 조개껍질을 돈으로 썼지. 그러다가 금이나 은 같은 금속 화폐가 물품 거래의 수단이 되고, 종이 화폐가 등장하면서 세계의 경제는 획기적인 발전을 이루었어. 지금 우리는 종이 화폐가 경제의 중심이 된 세상에 살고 있지.

하지만 정보 통신의 발달과 함께 화폐에도 변화의 움직임이 일고 있어. 동전이나 지폐 같은 전통적인 화폐가 서서히 눈앞에서 사라지고 있지.

예전에는 너 나 할 것 없이 지갑에 돈을 넣고 다녔지만 지금은 텅 빈 지갑을 가지고 다니는 사람이 많아. 그렇다고 돈을 쓰지 못하는 건 절대 아니야. 차를 탈 땐 교통카드를 쓰고, 물건을 살 때는 신용카드를 쓰거든. 월급을 받을 때도 통장으로 들어오고, 값을 지불할 때도 현금을 사용할 필요가 없으니 돈을 만질 일이 거의 없지. 게다가 인터넷을 통한 전자 상거래가 점점 활발해져서 이제 국내는 물론 외국의 제품을 우리 안방에서 살 수 있는 세상이 되었어. 미국 기업의 상품을 한국 소비자가 사고, 한국 상품을 미국 소비자에게 파는 일이 실시간으로 이루어지고 있어. 전 세계가 빠른 속도로 '하나의 시장'으로 통합되는 거지. 이런 일이 가능하게 된 것은 컴퓨터와 인터넷의 발달 덕분이야.

　또한 정보 통신의 발달에 힘입어 새로운 화폐가 등장하고 있어. 이건 동전이나 지폐처럼 손으로 만질 수 있는 실제 화폐가 아니야. 컴퓨터 네트워크 상에서 데이터로만 존재하는 가상 화폐야. 따라서 지금까지의 화폐와는 전혀 성격이 다르지.

　현재 컴퓨터 상의 가상 화폐는 비트코인, 이더리움, 리플, 지노시스 등 여러 종류가 있어. 실물 화폐에도 미국의 달러화, 유럽의 유로화, 일본의 엔화, 중국의 위안화 등 여러 종류가 있는 것과 비슷해. 이중에서도 달러가 세계 경제의 중심에 있듯이 가상 화폐 가운데 가장 대표적인 게 '비트코인'이야.

　비트코인을 얻는 방식은 아주 특이해. 우리가 돈을 벌려면 일을 해야 해. 하지만 비트코인은 그냥 일을 해서는 절대 얻을 수 없어.

　이걸 얻기 위해서는 컴퓨터로 어려운 암호 같은 수학 문제를 풀어야 해. 아주 복잡한 계산을 수없이 반복한 끝에 겨우 문제를 푸는 사람이 비트코인을 얻게 되지. 이건 마치 광부가 광산에서 힘겨운 곡괭이질을 거듭한 끝에 금을 캐

내는 일과 비슷해. 그래서 사람들은 비트코인을 얻는 과정을 '비트코인 채굴'이라고 부른단다.

비트코인을 무한정 채굴할 수 있느냐고? 그렇지는 않아. 비트코인이 세상에 처음 선을 보인 건 2009년이야. 이때부터 4년 동안은 10분마다 문제를 푸는 사람에게 50비트코인을 발행했어.

하지만 그 이후 4년 단위로 발행량이 절반씩 줄어들도록 했지. 그리하여 2017년 현재는 10분마다 12.5비트코인이 발행되는데, 이 금액은 점점 줄어들어 2040년이 되면 총 2,100만 비트코인을 마지막으로 발행이 끝나게 돼. 돈을 무한정 찍어 내면 인플레이션이 되어 종잇장처럼 가치가 없어지듯이 비트코인도 무한정 만들어 내면 가치를 잃을 수 있으니 발행에 제한을 둔 거지.

그렇다면 비트코인으로 뭘 할 수 있을까? 주머니에 들어 있어도 쓰지 못하면 화폐가 아니야. 아직까지 비트코인을 쓸 수 있는 곳은 많지 않아. 그렇지만 가상 화폐에 대한 관심이 높아지면서 점점 늘어나는 추세야.

현재 세계 최대 온라인 쇼핑몰인 '아마존'과 미국의 온라인 음식 주문 사이트인 '푸들러'를 비롯해 다양한 곳에서 비트코인으로 상품을 구입할 수 있어. 최근에는 비트코인을 현금으로 바꿔서 인출할 수 있는 현금 자동 입출금기도 등장했지.

우리나라도 비트코인을 받는 곳이 하나둘 늘어나고 있으며, 심지어 북한의 평양에도 비트코인으로 물건을 살 수 있는 곳이 있다니 놀라운 일이지. 머지않은 미래에 비트코인을 현금처럼 쓸 날이 올 거야. 그때가 되면 세상이 어떻게 달라져 있을까?

 ## 가상 화폐를 주식처럼 거래한다?

비트코인 사용자에게 지난 2010년 5월 18일은 아주 특별한 의미가 있어. 이날 처음으로 '라슬로'라는 닉네임을 가진 사람이 비트코인을 현금처럼 사용했거든. 당시 라슬로는 1만 비트코인으로 피자 두 판을 주문해서 먹었어. 그때 1만 비트코인의 시세는 41달러 정도였다고 해.

그런데 라슬로가 피자를 사 먹은 1만 비트코인은 삼 개월 뒤 600달러로 가치가 올라갔고, 이듬해 5월에는 무려 7만 달러가 되었어. 2017년 12월 말 1비트코인은 우리 돈 2,000만 원에 이르고 있으니, 지금 시세로 치면 라슬로는 2,000억 원짜리 피자를 먹은 셈이야. 비트코인의 가격이 말 그대로 하늘 높은 줄 모르고 치솟은 거지.

현재 한국과 미국을 비롯한 세계 여러 나라에서 실제 화폐와 비트코인을 교환하는 거래소가 운영되고 있어. 비트코인은 마치 주식처럼 가격이 날마다 달라져. 사려는 사람이 많으면 그만큼 가격이 오르고, 그렇지 않으면 내리는 거야. 최근에 관심이 높아지자 가격이 수십, 수백 배나 올라 초창기에 사 둔 사람은 엄청난 수익을 얻었어. 게다가 앞으로 얼마나 더 오를지 알 수가 없지.

그럼 너도나도 비트코인을 채굴하면 되지 않느냐고? 보통 사람이 이걸 채굴하기는 불가능에 가까워. 비트코인의 발행량을 조절하기 위해 시간이 갈수록 문제 풀기가 더 어려워지고 있거든.

지금은 전문 채굴자들이 고성능 컴퓨터를 사용해 채굴에 나서고 있는 형편이야. 특히 최근에는 인도와 중국의 대기업이 이 사업에 뛰어들었대. 고성능 컴퓨터 3천 대가 동원되고, 전기세만 한 달에 1억 가까이 든다고 하니 일반인은 감히 엄두도 못 낼 일이지.

2. 스스로 학습하는 인공 지능

요즘 인공 지능이란 말이 유행하고 있어. 인공 지능은 쉽게 말해 인간의 지능을 닮은 기계라고 할 수 있지. 그렇다면 일반 컴퓨터와 인공 지능은 어떤 차이가 있을까?

우리는 컴퓨터와 여러 가지 게임을 즐기고 있어. 숙달된 고수가 아니면 컴퓨터에 번번이 지는 때도 많아. 그렇다면 이 컴퓨터는 과연 인간의 두뇌를 닮은 기계일까? 아니야. 컴퓨터가 아무리 게임에서 승리한다고 해도 컴퓨터는 그저 뛰어난 기능을 가진 기계에 불과해. 왜냐하면 컴퓨터는 두뇌와는 완전히 다른 원리로 움직이기 때문이지.

컴퓨터는 인간보다 훨씬 빠르고 정확하게 정보를 처리한다는 장점이 있어. 또 한 번 저장해 놓으면 아무리 오랜 시간이 지나도 재생시킬 수 있지. 이렇게 놀라운 능력에도 불구하고 아직까지 컴퓨터는 인간의 두뇌를 따라올 수 없어. 왜냐하면 인간처럼 여러 정보를 종합적으로 판단하고 스스로 학습할 능력이 없기 때문이야. 컴퓨터는 그저 입력된 프로그램에 따라 움직일 뿐이거든.

사용자가 올바른 명령을 내리지 않으면 컴퓨터는 절대로 말을 듣지 않아. 집에서 키우는 강아지도 주인을 알아보고 꼬리를 흔들고, 밤에 도둑이 들어오면 마구 짖어 대지. 하지만 컴퓨터는 스스로 알아서 하는 일이 한 가지도 없어. 사람이 자판을 두드린 대로만 일을 처리하지.

예를 들어 문틈으로 고양이의 꼬리가 보인다고 해 봐. 아무리 지능이 떨어지는 아이라도 그것만 보고도 문 안쪽에 고양이가 있을 거라고 추측할 수 있어. 그렇다면 컴퓨터는 어떨까? 고양이 꼬리에 관한 정보가 상세히 입력되어 있지 않다면 절대 맞출 수 없어. 새끼줄이나 가래떡이라는 전혀 엉뚱한 대답이 나올 수도 있지. 가늘고 길쭉한 것에 대한 정보가 그렇게 기록되어 있다면 말이야. 컴퓨터는 자기가 가진 정보와 조금만 달라도 아니라고 판단하거든. 사람처럼 종합적인 판단 능력이나 추리 능력이 없기 때문이지.

하지만 컴퓨터가 인간의 두뇌처럼 스스로 학습하고 추론하는 능력을 가지게 된다면 어떨까? 그게 바로 인공 지능이야.

사실 인공 지능은 우리 생활에서 아주 동떨어진 기술이 아니야. 우리가 매일

사용하는 스마트폰에도 인공 지능 기술이 들어 있어. 대표적인 건 바로 카메라의 초점을 자동으로 잡아 주거나 사람의 음성을 인식하는 기능이야. 또 인터넷 검색을 할 때 자동으로 연관 검색어를 띄워 주는 것이나 유튜브에서 외국 영상을 보면 자동으로 자막이 생성되는 것도 인공 지능 기술이 주는 혜택이지. 사람이 명령을 내리지 않았는데도 필요한 걸 알아서 처리해 주거든.

하지만 이런 정도의 인공 지능 기술은 아주 낮은 차원에 불과해. 그래서 인간을 따라잡는 인공 지능이 나오려면 아직 멀었다고 생각했지.

그런데 2016년 3월에 아주 놀라운 일이 벌어졌어. 구글에서 만든 인공 지능 '알파고'가 인간 대표 이세돌과의 바둑 대결에서 압도적으로 승리한 거야. 그때까지 바둑은 경우의 수가 무한대여서 인공 지능이 인간을 절대로 이길 수 없다고 여겼지. 그러나 알파고가 보란 듯이 최고의 바둑 고수를 무너뜨리면서 사람들에게 큰 충격을 안겨 주었단다.

당시 알파고의 승리 비결은 '딥 러닝(deep learning)'이라는 인공 신경망을 통해 스스로 문제를 학습하고 해결하는 능력을 키운 데 있어. 이 방법은 사람의 뇌가 수많은 신경 세포에 의해 움직인다는 점에 착안하여 만들어진 거야.

이후로 인공 지능에 대한 사람들의 관심이 부쩍 높아졌어. 머지않아 인간의 지능에 가까운, 아니 인간의 지능을 훨씬 뛰어넘는 인공 지능이 출현할 거라고 예측하게 되었지.

인간이 타고난 지능을 억지로 높이기는 어려워. 하지만 인공 지능은 달라. 기술 혁신을 통해 얼마든지 더 높일 수 있거든. 그렇게 되면 인간이 도저히 따라잡을 수 없는 놀라운 능력을 지닌 인공 지능이 탄생할 테지.

<u>앞으로 인공 지능이 각종 생활용품을 비롯하여 의학, 교통, 금융 등 다양한</u>

분야로 뻗어 간다면 인류는 지금까지와는 전혀 다른 새로운 시대를 맞이하게 될 거야.

그림을 그리는 인공 지능 화가

최근 인공 지능은 다양한 실험을 하고 있어. 그중에는 예술 분야도 있지. 2016년 4월 마이크로소프트사는 '넥스트 렘브란트'라는 프로젝트를 공개했어. 인공 지능에게 유명 화가 렘브란트의 작품을 학습하게 만든 뒤 그림을 그리게 한 거지. 인공 지능은 렘브란트의 화풍을 훌륭하게 모방하면서도 자신만의 독창적인 작품을 그려 냈어. 이를 보고 실제 작품으로 착각하는 사람도 있었다는구나.

구글 역시 인공 지능 로봇 화가 '딥 드림'을 선보였어. 딥 드림은 어떤 이미지를 보고 이를 바탕으로 새로운 추상적 이미지를 그려 내는 추상화가야. 이 인공 지능 화가에게 고흐의 작품을 모사하도록 훈련시켰어. 이렇게 탄생한 29점의 작품을 샌프란시스코 미술 경매소에서 판매했는데, 그림 값으로 받은 돈이 9만 7천 달러(우리 돈 1억 원) 정도 됐다는구나.

 인공 지능을 가지면 사물이 똑똑해진다?

인공 지능은 여러 분야에 응용할 수 있어. 우리가 쓰는 생활용품에 인공 지능을 결합한다면 어떻게 될까? 각종 생활용품이 아주 똑똑해질 거야.

에어컨을 한번 예로 들어 볼까? 어느 무더운 여름날 집에 들어온 사람이 방 안의 온도를 18도로 맞춰 놓았다고 해 봐. 에어컨은 방 안의 온도가 18도로 내려갈 때까지 계속 돌아갈 거야. 그리하여 18도가 되면 잠시 멈추었다가 다시 온도가 올라가면 작동하는 일을 반복할 거야.

이때 병원에서 갓 낳은 아기를 그 방으로 데려왔다면 어떻게 될까? 갓난아기는 아무리 여름이라도 따뜻하게 보호해야 해. 하지만 에어컨은 이 상황을 판단할 능력이 없어. 계속 18도로 방 안의 온도를 유지할 게 틀림없지.

이처럼 지금의 에어컨은 스스로 어떤 상황을 종합적으로 생각하고 판단할 능력이 전혀 없어. 하지만 인공 지능이 있다면 달라질 거야. 새로운 상황을 알아채고 온도를 따뜻하게 맞출 테니까. 앞으로 인공 지능을 응용한 분야가 엄청난 발전을 이룰 거야.

 ## 3. 인공 지능 슈퍼 의사, 왓슨

옛날 사람들의 평균 수명은 무척 짧았어. 각종 질병으로 많은 사람들이 목숨을 잃었기 때문이지. 몇십 년 전만 해도 예순 살이 되면 장수를 축하하는 의미로 환갑잔치를 벌이곤 했어. 이제 이런 일은 옛말이 되었지. 인생은 60부터라는 말이 생길 정도로 수명이 길어졌거든.

의학 기술이 발달할수록 인간의 수명은 점점 더 길어질 테지만 아직도 암을 비롯하여 당뇨병, 관절염 등 수많은 질병 때문에 사람들이 고통받고 있어. 이런 질병을 완전히 정복하는 건 어렵다 해도 가까운 미래에 우리가 미처 생각하지 못한 최첨단 의료 장비들이 많이 등장할 거야.

인공 지능 의사 '왓슨'을 예로 들어 볼까? 왓슨은 IBM사가 개발한 슈퍼컴퓨터야. 2011년 미국의 유명한 퀴즈 프로그램에서 인간과 대결하여 승리를 거둔 뒤 유명해졌지.

왓슨은 의료 분야에서도 뛰어난 능력을 선보였어. 일반 의사보다 더 정확하게 폐암 환자를 진단해 냈지. 몇 가지 테스트를 통해 왓슨이 90퍼센트의 적중률을 보인 데 반해 인간 의사는 50퍼센트 정도에 머물렀대.

아인슈타인보다 좋은 머리로 많은 양의 의학 지식을 습득하고, 하루 24시간 내내 자지도 먹지도 쉬지도 않은 채 환자의 병을 진단한 뒤 거기에 맞는 치

료 방법을 찾아내는 의사는 현실에 서 있을 수 없어. 그런데 왓슨 같은 인공 지능 의사라면 가능한 일이야. 아직까지는 시험 단계에 있지만 머지않아 병원에서 인공 지능 로봇 의사에게 진료를 받는 날이 올 거야.

그렇다면 왓슨은 어떤 시스템으로 작동하는 걸까? 명탐정 '셜록 홈즈'나 '코난'은 추리의 명수야. 아무리 복잡한 사건도 이들이 나서면 하나하나 의문이 풀리곤 해. 범인들은 갖가지 방법으로 증거를 없애려고 노력하지만 명탐정은 아주 하찮은 단서를 가지고도 범인을 잡아내고 말지. 바로 추리의 힘 때문이야.

갑자기 하늘에 먹구름이 끼고 바람이 세차게 불면, 우리는 '곧 비가 오겠구나.' 하는 추리를 할 수 있어. 이와 같이 사람의 추리 능력을 본떠서 만든 컴퓨터 프로그램을 '전문가 시스템'이라고 해. 왓슨처럼 의사를 도와주는 전문가 시스템도 같은 원리로 작동하지.

예컨대 귀가 아픈 아이가 병원을 찾아오면 컴퓨터는 몇 가지 가능성을 추리해. 귀는 외부의 자극 때문에 아플 수도 있고, 선천적으로 귀에 문제가 있을 수도 있어. 전문가 시스템은 선천적인 문제가 없다면 수영장에서 귀에 물이 들어간 적은 없는지, 아니면 귀에 혹 날벌레가 들어갔는지를 묻지. 이렇게 차츰 원인을 파고 들어가 마침내 정확한 진단을 내리는 거야.

이런 전문가 시스템은 의학뿐 아니라 지능적인 범죄 수사나 기타 여러 방면에도 큰 도움을 줄 수 있단다.

몸속을 다니는 치료 캡슐

사람의 질병은 대부분 몸 안에 있는 장기에서 비롯하지. 우리 눈으로 몸속을 직접 보기는 어려워. 그래서 병원에 가면 갖가지 장비를 동원해 엑스레이나 CT 사진을 찍고, 내시경을 통해 위장과 대장을 들여다보지. 그런데 미래에는 이런 장비가 필요 없을 거야. 몸속을 다니는 초미니 캡슐이 등장할 테니까. 초미니 치료 캡슐을 삼키면 몸 구석구석을 훑고 다니며 문제가 있는 부위를 촬영하고 치료까지 해 주는 거지.

주사기를 이용해 초미니 캡슐을 혈관 속에 넣을 수도 있어. 이 캡슐이 혈관을 타고 다니며 사람의 건강 상태를 외부에 알려 주는 역할을 해. 이 기술은 심장병이나 뇌출혈 같은 혈관 질환을 막는 데 요긴하게 쓰일 거야. 혈관이 막힐 염려가 있을 때 미리 발견하여 청소하면 혈관 질환을 예방할 수 있거든.

 **4. 바이오칩으로 사이보그 인간을 만든다?**

인류의 과학이 발전을 거듭한 근본적인 힘은 무엇일까? 그것은 바로 인간의 상상력이라고 할 수 있어. 에디슨 같은 과학자의 피나는 실험 정신이나 뉴턴의 사과처럼 우연한 발견에서 새로운 과학적 지식이 만들어지기도 했지만 그 바탕에는 인간의 상상력이 자리하고 있지.

그 옛날 사람들은 새처럼 하늘을 나는 상상을 했어. 그 당시에는 그야말로 꿈같은 얘기였지. 하지만 이제는 소리보다 빠른 속도로 하늘을 날 수 있어. 별 나라로 우주여행을 가는 꿈도 머지않아 이루어질 거야.

그렇다면 SF 영화나 공상 과학 소설에서 볼 수 있는 '사이보그 인간'이 등장하는 것도 가능할까? 인간의 몸에 기계 장치를 해서 천 리 밖을 보고, 두꺼운 벽 저편에서 하는 이야기도 듣고, 팔뚝에서 엄청난 힘이 솟아나는 상상을 한 번쯤 해 보았을 거야. 이런 인간은 아직까지 상상 속에만 머물러 있지. 하지만 과학 기술이 더 발전한다면 그런 사이보그 인간도 충분히 등장할 거라고 봐.

그 가능성을 보여 주는 것이 '바이오칩'이야. 컴퓨터 기술이 놀라운 속도로 발전할 수 있었던 건 손톱보다 작은 '반도체 칩' 덕분이야. 그런데 최근에 와서 반도체 칩을 뛰어넘는 놀라운 성능을 가진 '바이오칩'을 연구하고 있어. 바이오칩은 유전 공학의 지식과 기술을 이용해서 만드는 일종의 생물학적 칩이지.

　바이오칩의 가장 큰 특징은 단백질을 이용해 만든다는 거야. 이 점이 지금까지 나온 어떤 기계 장치보다 뛰어난 거지. 그래서 사람 몸속의 신경 계통과 연결시켜도 문제가 없어. 이를 활용해 시각장애인에게 시력을 찾아 주고, 청각장애인에게 소리를 듣게 할 수도 있지.

　이런 식으로 바이오칩을 이용하면 초능력을 가진 인간도 만들 수 있을 거래. 왜냐하면 바이오칩은 놀랄 만한 성능을 지니고 있거든. 바이오칩에서 전기 신호가 전달되는 속도는 사람 몸의 신경 세포보다 백만 배 정도 빠르고, 바이오칩 속에 들어 있는 내용물은 인간의 대뇌에 들어 있는 신경 세포 수보다 백만 배나 더 많대. 그래서 바이오칩은 우리 인간의 두뇌보다 훨씬 더 많은 정보를 저장할 수 있어. 그만큼 계산과 추리도 더 빨리 할 수 있지.

바이오칩을 대뇌의 일부로 가진 사람은 자신의 뇌보다는 컴퓨터의 지배를 받는다고 봐야 해. 만약 바이오칩을 가진 사람이 죽을 경우에는 그 사람의 바이오칩을 다른 사람의 뇌에 옮길 수도 있어. 그러면 그 사람이 살았을 때의 모든 기억과 정보가 그대로 바이오칩 속에 남아 있기 때문에 다시 재생시킬 수 있지.

그러니까 바이오칩은 단순한 기계 장치라고 할 수 없어. 단백질로 이루어졌기 때문에 몸속의 세포와 함께 살면서 생물처럼 성장도 하고, 인간에게 더 높은 지능을 가져다주기 때문이지.

따라서 미래에는 지금의 인간과는 비교할 수도 없을 만큼 높은 지능을 가진 인간이 등장할 거야. 이런 능력을 가진 인간의 두뇌는 전자 회로와 똑같이 빠른 속도로 일을 처리할 수 있지.

이런 놀라운 바이오칩은 허튼 꿈이 아니야. 현재 컴퓨터, 로봇, 유전 공학 분야에서 일하는 과학자들이 바이오칩에 대해 진지하게 연구하고 있어. 지금까지 인류는 스스로를 가장 고등한 생물이라고 생각했는데 앞으로 이런 생명체가 등장하면 어떻게 될까? 한편으론 기대도 되지만 다른 한편으론 두려운 마음이 드는 것도 사실이야.

 ## 바이오칩을 이용한 꿈의 컴퓨터

과거 수십 년 동안 반도체 기술은 엄청난 발전을 거듭했어. 그런데 이 반도체 기술도 한계에 부닥칠 거라고 해. 지금까지 반도체는 고밀도 집적 회로, 초고밀도 집적 회로 같은 기술 덕분에 성능 향상과 함께 크기를 줄여 왔지. 하지만 앞으로는 더 이상 크기를 줄이기는 어려울 거래.

그래서 바이오칩에 눈길을 돌리고 있어. 바이오칩을 이용한 컴퓨터가 나온다면 크기가 지금보다 1만분의 1로 줄어들 거야. 그렇게 되면 방 하나를 가득 메우는 초대형 컴퓨터가 손목시계 속에 들어갈 정도로 작아진대. 정말 꿈같은 이야기지.

이 바이오 기술은 우리 생활에도 응용할 수 있어. 바이오 센서를 이용해 미각, 청각, 시각, 후각, 촉각의 오감을 센서로 대신하면 무척 편리해질 거야. 이를테면 미각 센서를 이용해 로봇에게 요리를 시킬 수도 있어. 그러면 입맛이 아주 까다로운 사람도 맛있게 먹을 음식을 만들 수 있지.

5. 스스로 운전하는 자율 주행 자동차

스티븐 스필버그 감독은 영화 〈쥐라기 공원〉으로 유명해. 미래에 유전 공학의 발달로 이미 멸종해 버린 공룡을 복원하면서 벌어지는 사건을 그린 영화야.

그의 또 다른 영화 〈마이너리티 리포트〉 역시 미래 사회를 그리고 있어. 서기 2054년, 인류는 상상을 초월하는 놀라운 과학 기술을 가지게 돼. 이때는 아직 일어나지 않은 범죄를 예측하여 그 범인을 추적하여 잡아들이는 특수한 경찰 기관도 있지. 그 임무를 맡은 특수 경찰 존 앤더튼은 어느 날 자신이 범죄 예상자로 낙인찍혀 동료들에게 쫓기는 신세가 되지.

그는 자신의 무죄를 밝히기 위해 필사적으로 도망을 쳐. 이때 추격자를 따돌리느라 운전에 신경 쓸 겨를이 없는 존 앤더튼을 대신하여 자동차 스스로 도로를 질주하는 장면이 나와. 무인 자율 주행 자동차인 거지.

우리 현실에서 이런 자동차가 도로를 달릴 날은 언제쯤일까? 지난 2010년 구글이 처음으로 무인 자동차를 선보인 이후, 전 세계 자동차 회사들이 자율 주행 기술 개발에 열을 올리고 있어. 자율 주행 기술은 보통 레벨 1에서 레벨 4까지 네 단계로 구분하는데, 현재는 레벨 3쯤의 수준에 도달해 있대.

업계에서는 빠르면 2020년부터 자율 주행 자동차가 시장에 나올 것으로 예상하고 있어. 2025년 이후에는 고속도로뿐 아니라 도심에서도 자율 주행 자동차가 달릴 것으로 내다보고 있지. 현재 이 분야의 선두 주자라 할 구글, 테슬라 같은 회사에서 갖가지 무인 자동차 모델을 선보이고 있으며, 이미 시범 운행을 마친 상태야. 따라서 머지않아 운전자 없이 도로를 달리는 자동차를 영화가 아닌 현실에서도 볼 수 있을 거야.

그렇다면 자율 주행 자동차는 어떻게 스스로 운전을 하는 걸까? 작동 방식은 사람의 두뇌 활동과 비슷해. 인공 지능을 교통 분야에 활용한 것이 자율 주행 자동차인 셈이지.

예컨대 과수원을 지나는데 갑자기 머리 위에서 사과가 뚝 떨어진다고 하자. 그러면 가장 먼저 사과가 떨어지는 상황을 알아차려야 하고, 상황을 알아차리면 어떻게 할지 판단을 내리고, 판단을 내리면 몸을 움직여 피해야겠지? 자율 주행 자동차도 다르지 않아. 인지, 판단, 제어의 3단계를 거쳐 작동하거든.

첫 번째 인지 단계는 운전할 때 주변의 상황을 알아차리는 거야. 앞에 신호등이 있는지, 과속 방지턱이 있는지, 길이 곧은지 굽었는지, 갑자기 사람이나 동물이 뛰어들지 않는지 등을 살피는 능력이지. 차량에 장착된 레이더 센서가 눈과 귀의 역할을 하는 셈이야.

두 번째는 판단이야. 상황을 인지하면 그에 따라 판단을 내려야 해. 구부러진 길이 있으면 핸들을 돌리고, 신호등이 있으면 멈추고, 누군가 불쑥 차 앞으로 뛰어든다면 급정거를 해야겠다고 판단하는 거야.

세 번째로 제어 단계는 상황 판단에 따라 핸들이나 브레이크 등 자동차의 각 기관이 손발처럼 움직이는 능력을 말해.

자율 주행 시스템의 가장 큰 장점은 무엇일까? 운전할 때 사람들이 받는 스트레스나 피로감, 또는 졸음운전에 따른 교통사고의 위험을 크게 줄일 수 있다는 거야. 교통 법규를 위반하는 얌체 운전이 사라져 도로의 혼잡이 줄어들면 교통의 흐름도 그만큼 빨라지겠지. 또 장애인이나 노인, 아동처럼 운전을 할 수 없는 사람도 자동차를 쉽게 이용하게 될 거야.

하지만 앞으로 해결해야 할 문제점도 있어. 어떤 기계든 고장이 나서 오작동을 할 수 있거든. 만약 자율 주행 자동차가 도로에서 사고를 낸다면 과연 누구에게 책임을 물어야 할까? 자율 주행을 믿고 맡긴 운전자? 자동차를 만든 제작사? 아니면 자율 주행 프로그램을 만든 개발자?

이런저런 문제에 대해 법적 다툼을 벌일 우려가 있지. 또 해커가 나쁜 마음을 먹고 자율 주행 시스템에 접근해 핸들과 브레이크의 기능을 마음대로 조종할 염려도 있어. 그러니 해킹을 막을 보안책을 완벽하게 마련해야 안심하고 자동차를 탈 수 있겠지.

하늘을 나는 자동차?

몇십 년 전만 해도 자율 주행 자동차는 꿈같은 얘기였어. 그런데 이제 곧 눈앞의 현실로 다가오고 있지. 무인 자동차가 현실이 된 다음에는 어떤 자동차를 꿈꿀 수 있을까? 세계의 여러 대도시는 현재 심각한 교통난에 시달리고 있어. 땅 위의 도로만으로 늘어나는 차량을 감당할 수 없자 지하에까지 도로를 뚫고 있지만 교통 문제는 전혀 해결될 기미가 보이지 않아. 이제 남은 곳은 공중뿐이야. 그러니 사람들이 하늘을 나는 자동차에 관심을 기울이는 게 당연하지.

먼 미래에는 땅 위는 물론이고 하늘 위, 물 위에서도 다닐 수 있는 비행 자동차가 개발될 전망이야. 현재까지 개발된 비행 자동차는 여전히 이륙하기 위한 활주로가 필요해. 이런 문제를 해결할 신기술이 등장하면 하늘을 나는 자동차를 타고 여행을 다니는 놀라운 시대가 열릴 거야.

6. 만물이 소통하는 사물 인터넷

1969년 10월 29일은 인터넷 역사에서 아주 중요한 날이야. 이날 무슨 일이 있었냐고? 미국 국방성이 군사적 목적으로 캘리포니아 대학의 컴퓨터와 스탠퍼드 대학의 컴퓨터를 서로 연결해 데이터 전송을 시도했어.

이것이 인류 최초의 인터넷인 '아르파넷'이야. 군사용 통신망으로 만든 거지. 당시 전송에 성공한 내용은 단 두 단어, 접속 시작을 알리는 '로그인(Log in)'이야. 이렇게 처음 인터넷이 연결된 이후 몇십 년 만에 세상은 확 달라졌어. 인터넷 통신을 통해서 전 지구촌이 그물망처럼 연결되어 수많은 정보를 주고받고 있지.

이제까지 인터넷은 각종 컴퓨터 기기를 매개로 사람과 사람을 연결해 주는 역할을 했어. 어디까지나 사람이 중심이었지. 하지만 앞으로는 사람과 사물, 혹은 사물과 사물이 인터넷으로 연결되는 세상이 올 거야. 컴퓨터나 스마트폰뿐 아니라 가정의 텔레비전, 냉장고, 세탁기, 전기밥솥, 책상, 신발 등 갖가지 사물이 인터넷으로 촘촘히 연결되는 것을 '사물 인터넷'이라고 해. 세상 모든 물건에 인공 지능과 함께 통신 기능을 장착하는 거지.

요즘 가장 큰 관심을 끄는 사물 인터넷은 바로 스마트 홈 서비스야. 스마트 홈이란 집 안에 있는 모든 가전제품을 하나의 통신망으로 연결해 관리하는 걸

가리키는 말이야.

예를 들어 볼까? 집안일까지 돌봐야 하는 직장인은 퇴근한 뒤에 종종걸음을 치기 일쑤야. 서둘러 집에 돌아와 밥하고, 빨래하고, 청소를 해야 하거든. 하지만 스마트 홈 서비스를 갖추고 있다면 얘기가 달라져.

집 안에 있는 전기밥솥에 메시지를 보내 '30분 후에 도착하니 밥 좀 지어 놔!'라고 명령을 내릴 수 있어. 또 냉장고에는 어떤 음식 재료가 있는지를 점검하여 반찬거리를 준비할 수 있지. 집안 청소는 출근하면서 로봇 청소기에게 명령을 내렸으니 걱정할 필요 없고, 빨래 역시 이미 세탁기가 알아서 작동하여 말려 놓은 상태지.

사물 인터넷 기술은 가정생활뿐 아니라 건강, 금융, 교통, 보안, 육아 등 다양한 분야에서 활용이 가능해.

예컨대 미국의 한 제약 회사에서 개발한 '글로우 캡(Glow Cap)'이란 약병이 있어. 환자가 약을 복용할 시간이 되면 뚜껑의 램프가 켜지면서 알람이 울린대. 약병을 열면 센서가 이를 감지해 환자가 약을 복용했다는 정보를 인터넷을 통해 병원에 보내 주지. 복용할 시간이 지나도 약병 뚜껑이 열리지 않으면 자동으로 환자에게 알림 문자를 보낸다는구나. 약을 먹으라고 말야.

최근에는 웨어러블(wearable) 기기도 눈길을 끌고 있어. '웨어러블'이란 시계나 목걸이, 옷 등의 형태로 몸에 착용할 수 있다는 뜻이야. 이런 기기에는 디지털 통신 기능이 장착되어 있어서 사용자의 건강 상태나 운동량, 날씨, 온도 등 갖가지 정보를 알 수 있지.

농업 분야에도 사물 인터넷을 활용할 수 있어. 흙 속에 인터넷으로 연결된 센서를 설치하고 토양의 상태와 온도, 습도 등을 관리하지. 필요할 때마다 물이나 비료를 주어 작물이 잘 자라는 환경을 만들어 주는 거야. 추운 겨울에는 보일러를 켜거나 꺼서 비닐하우스 안의 온도를 맞출 수도 있지.

어쩌면 미래에는 사물 인터넷 기기가 없이는 하루도 살기 어려운 세상이 될지도 몰라. 사물 인터넷 시대에 가장 큰 위협이 되는 건 보안 문제야. 지금은 컴퓨터나 스마트폰 정도만 해킹의 대상이 되지만 사물 인터넷 시대에는 자동차, 텔레비전, 냉장고, 세탁기 등 모든 제품이 해킹의 대상이 되겠지.

해커가 자기 집 냉장고에 침투해 어떤 음식이 들어 있는지, 텔레비전으로 뭘 보는지, 자동차로 어디를 다녀오는지 등을 훔쳐본다면 무척 기분이 나쁠 거야. 안전한 사물 인터넷 시대를 맞이하려면 이런 문제에 잘 대비해야 한단다.

 영리한 도시, 스마트 시티

사물 인터넷 세상이 우리 곁에 서서히 다가오고 있어. 인터넷이 사람과 사물 간의 소통을 넘어서 사물과 사물끼리 소통을 한다는 건 놀라운 일이야.

그런데 사물 인터넷이 점차 확장되어 도시 전체가 연결된다면 어떻게 될까? 냉장고와 밥솥, 자동차와 아파트, 도로와 신호등, 빌딩과 행정 기관 등 모든 것이 서로 그물처럼 엮이게 되면 우리가 사는 도시의 풍경이 완전히 달라질 거야. 이제까지 상상할 수 없던 새로운 세상이 열릴 테니까.

미래의 어느 날 도심의 공원에서 자전거를 타던 사람이 넘어지는 사고가 일어났어. 그러자 머리에 쓰고 있던 헬멧이 즉시 사고 상황을 병원에 알려 주고, 병원에서는 헬멧이 보낸 환자의 인적 사항과 부상 정도를 파악해 지체 없이 앰뷸런스에 전달하지.

그러면 앰뷸런스는 현장에 도착하기 전에 어떤 응급 처치를 할지 미리 준비할 수 있어. 차가 막힐 걱정은 하지 않아도 돼. 앰뷸런스가 가는 길을 알려 주면 도로 시스템이 자동으로 신호등을 조작하고 차량을 통제해 신속히 환자를 이송하도록 도와주지.

한마디로 도시 전체가 똑똑하고 영리해지는 거야. 아직은 실감이 나지 않겠지만 이런 풍경이 우리 눈앞에서 펼쳐질 날도 멀지 않았어.

 **7. 무엇이든 만드는 만능 기계, 3D 프린팅**

컴퓨터 사용자가 화면 속의 문서, 그림, 사진 등을 출력하는 일은 아주 간단해. 프린터만 연결하면 되거든. 글자체나 색채가 어떠하든 한 치의 어긋남도 없이 언제 어디서나 똑같은 이미지를 출력할 수 있지.

3D 프린팅도 비슷한 원리야. 다만 일반 프린터와 달리 출력물이 2차원 평면이 아니라 3차원 입체라는 차이가 있어. 그림이나 문서 파일 대신 3차원 입체

도면을 바탕으로 물건을 찍어 내는 방식이지.

종이 위에 잉크를 뿌려 이미지를 출력하듯 입체적인 설계 도면에 따라 층층이 쌓아 올려 원하는 물건을 만들어 내는 기술이야. 얇게 썬 빵을 한 층씩 쌓아 올려 빵 한 덩어리를 만드는 것과 비슷한 원리라고 보면 돼.

3D 프린팅의 재료는 잉크 대신 손으로 만질 수 있는 걸 써야 해. 처음에는 가장 다루기 쉬운 플라스틱을 3D 프린팅의 재료로 사용했어. 그런데 기술이 발달한 지금은 나일론, 석고, 알루미늄, 강철, 세라믹 등으로 점차 재료의 범위가 넓어지고 있지.

3D 프린팅 기술을 이용하면 큰 장점이 있어. 예전에는 공장 전체를 돌려야 하는 작업도 3D 프린터가 간단히 해낼 수 있거든.

우리가 자주 쓰는 볼펜을 예로 들어 볼까? 볼펜이 작고 단순해 보여도 제품을 만들려면 만만치 않아. 일단 플라스틱 몸체가 있어야 하고, 볼펜심과 쇠로 된 스프링 등 갖가지 부속품이 필요해. 3D 프린팅을 이용하면 여러 공정을 거칠 필요 없이 그 자리에서 바로 만들어 낼 수가 있어. 아무리 내부 구조가 복잡한 디자인이라 해도 3D 프린팅에서는 문제 될 것이 없지.

이 기술을 기업에서 활용하면 시제품을 만들 때 아주 유용하게 쓸 수 있어. 아무리 완벽하게 제품을 설계해도 막상 만들고 나면 문제가 발생할 수 있거든. 이럴 때 일단 3D 프린팅으로 모형 제품을 만들어 본 뒤 어떤 흠이 있는지 살펴볼 수 있어. 신제품이나 성능 좋은 부품을 개발할 때 공장 전체를 가동할 필요가 없기 때문에 제작 비용을 크게 줄일 수 있단다.

3D 프린팅 기술은 여러 분야에 활용할 수 있어. 물건을 만들 재료와 입체적인 설계 도면만 있으면 못 만드는 게 없어. 피규어 같은 장난감부터 시작해서

우리가 입는 옷, 사람이 사는 집, 타고 다니는 자동차, 총 같은 무기, 심지어 사람이 먹는 과자나 음식까지 만들어 낼 수 있지.

이런 걸 어떻게 만드냐고? 이를테면 사람들이 좋아하는 초콜릿은 가장 흔한 푸드 프린팅의 재료야. 자기가 원하는 모양의 입체 도면을 설계한 뒤 3D 프린터로 출력하기만 하면 돼. 하트 모양이든, 동물 모양이든 원하는 대로 단숨에 만들 수 있지. 이런 방식으로 시멘트와 철근을 재료로 집을 짓고, 금속을 재료로 자동차를 제작할 수도 있는 거야.

특히 가장 큰 기대를 모으는 것은 의료 분야지. 만약 프린팅의 재료로 사람의 세포를 사용할 수 있다면 인공 장기를 만들어 낼 수 있거든. 이론상으로는 사람의 심장, 간, 콩팥, 위장 등의 장기를 얼마든지 출력할 수 있어. 사람마다 신체의 모양이나 세포의 구조가 조금씩 다른데 3D 프린팅 기술을 이용할 경우 각각의 환자에게 꼭 맞는 개인 맞춤형 치료가 가능해지지. 이걸 '바이오 프린팅'이라고 해.

물론 지금 이런 수준까지 도달한 건 아니야. 하지만 꾸준한 연구와 시도가 계속되고 있지. 네덜란드 위트레흐트 대학의 의료 센터에서는 두개골이 점점 두꺼워져서 고통을 받고 있는 여성 환자에게 3D프린터로 새로운 두개골을 출력해 이식해 준 사례가 있고, 영국 북아일랜드에서는 코가 없이 태어난 소녀에게 3D 프린터로 출력한 코를 이식하는 시도가 있었지.

앞으로 의학 기술이 더욱 발전하면 사람의 장기와 뼈, 치아, 피부 등을 3D 프린터로 출력하는 날이 올 거야.

 3D 프린터로 달에 집을 짓다?

3D 프린팅 기술은 '신의 손'이라 불리기도 해. 입체 설계도만 입력하면 뭐든 다 만들어 내거든. 이 기술은 미래의 우주 개발 산업에도 활용될 전망이야.

인간이 우주 공간으로 나아가면 그곳에 기지를 건설해야겠지? 지구에서 건설 자재를 일일이 실어 나르기는 여간 어려운 일이 아니고, 시간도 많이 걸릴 거야.

이 문제를 해결할 좋은 방법이 있어. 3D 프린팅 기능이 탑재된 로봇을 로켓에 실어 우주로 쏘아 올리는 거야. 로봇은 프린팅의 재료로 우주에 있는 돌가루를 시멘트처럼 사용해 우주 기지를 짓는 거지.

이런 식으로 달에 집을 지을 수도 있어. 3D 프린터 로봇이 달 표면의 흙과 돌 따위를 재료로 삼아 우주인이 머물 건물을 짓는 거지. 공상 과학 영화에나 나올 법한 얘기지만 수십 년 안에 이런 일이 실현될 거라고 해.

8. 하늘의 지배자, 드론

육지에서 멀지 않은 외딴섬에 어떤 사람이 살고 있어. 그가 어느 날 피자 모양을 닮은 구름을 보며 이런 생각을 하지.

'아, 하늘에서 피자 한 판이 뚝 떨어졌으면…'

그가 군침을 삼킬 때 정말 하늘에서 피자 한 판이 내려왔어. 피자를 싣고 온 건 다름 아닌 드론이야.

얼토당토않은 상상 같지만 이건 실제로도 가능한 일이야. 세계적인 피자 전문 기업인 '도미노 피자'가 뉴질랜드의 오클랜드 지역에서 이런 배달 서비스를 시험했단다. 이처럼 드론을 이용하면 그동안 배달이 힘들었던 지역에도 빠르고 안전하게 배달할 수 있지.

세계 최대의 온라인 쇼핑몰 '아마존' 역시 드론을 이용한 배달 서비스를 시범 운행하여 성공했어. 당시 영국 케임브리지에 사는 한 주민이 아마존 사이트에서 텔레비전 셋톱박스와 팝콘 한 봉지를 주문했어. 평소 같으면 주문한 물건을 받는 데 아무리

빨라도 한나절 이상 걸리지만 아마존에서 무인 드론을 띄웠어. 그 결과 주문 후 정확히 13분 만에 그 집 뒷마당에 물건을 떨어뜨렸단다. 이 일은 시범 운행에 지나지 않지만, 언젠가는 우편배달처럼 자연스러운 일이 될지도 몰라.

　<u>드론은 무선 전파로 조종하는 무인 항공기를 일컫는 말이야. 크기나 형태가 다양할 뿐만 아니라 쓰임새 또한 아주 다양해.</u>

　현재 드론을 가장 많이 활용하는 곳은 군대야. 드론은 군사용 무인 항공기로 처음 개발됐지. '드론'이란 말은 원래 영어로 '벌이 내는 윙윙거리'는 소리를 뜻하는데, 작은 항공기가 하늘을 날며 이런 소리를 내기 때문에 붙인 이름이야.

　초창기 드론은 공군의 미사일 폭격 연습용으로 쓰였어. 그러다 점차 정찰기와 공격기로 쓰임새가 넓어졌지. 드론은 공중에서 정찰 업무를 맡기에 안성맞춤이야. 적외선 야간 투시 카메라를 장착하면 밤에도 적의 동태를 파악할 수 있거든. 아울러 적의 지휘부를 암살하거나 기지를 폭격하는 공격용 무기로 쓸 수도 있지.

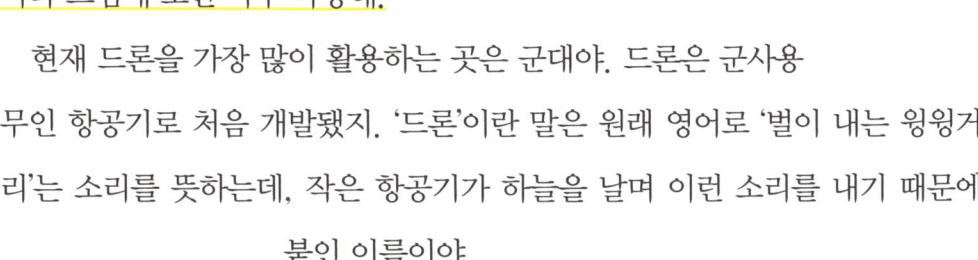

조종사가 탑승하지 않고도 적군의 위치를 파악하고 폭격까지 할 수 있다는 장점 때문에 군사용으로 적극 활용하고 있단다.

드론은 방송, 영화, 신문에서도 요긴하게 쓰여. 예전에는 공중에서 항공 촬영을 할 때 헬리콥터나 소형 경비행기를 이용했어. 물론 비용이 많이 들었지. 하지만 드론을 이용하면 비용이 저렴할 뿐만 아니라 훨씬 더 다양한 각도에서 촬영할 수 있어. 스포츠 중계부터 다큐멘터리 탐사 보도, 드라마는 물론이고, 지진이 난 곳이나 수해 현장처럼 안전 문제 때문에 사람의 접근이 어려운 곳을 카메라 렌즈에 생생하게 담을 수 있지.

이외에도 조난자를 수색하는 일, 밀렵꾼을 감시하는 일, 테러범이나 범죄자를 쫓는 일, 응급 환자를 돕는 일 등 다양한 용도로 쓸 수 있어. 실제로 국제 운송 회사 DHL은 '파슬콥터'라는 드론을 만들어 2014년부터 육지에서 12킬로미터 떨어진 독일의 한 섬에 의약품과 긴급 구호물품을 전달하고 있단다.

하지만 드론이 장점만 있는 건 아니야. 개인용 드론이 늘어나면 악용될 우려가 높거든. 테러리스트가 드론에 위험 물질을 넣어 배달할 수도 있고, 하늘을 나는 드론이 갑자기 고장 나 추락하면 큰 사고가 날 수도 있어. 아무 데나 드론을 띄워 촬영하면 남의 사생활을 침해할 수도 있지. 더구나 수많은 드론이 무질서하게 공중에 떠다니면 그 자체가 공해가 되고, 서로 부딪칠 위험도 있으니 법적인 규제가 꼭 필요하단다.

 ## 9. 로봇이 전쟁을 한다면?

공상 과학 영화에서는 사람이 아닌 로봇이 전투를 벌이는 장면을 흔히 볼 수 있어. 아직까지 현실에서 이런 일이 일어나기는 어렵지. 그러나 조금 더 먼 미래에는 로봇끼리 전투를 벌이는 모습이 더 이상 영화 속에만 머물지 않을 거야.

전쟁터에 로봇이 투입된 역사는 꽤 오래돼. 1940년대에 벌어진 제2차 세계 대전으로 거슬러 올라가거든. 당시 독일군은 원격 조종으로 움직이는 '골리앗'을 처음 선보였어. 크기가 작아 딱정벌레 탱크라고도 불린 골리앗은 지뢰를 싣고 전차 아래로 들어가 폭발시키는 방식이었어. 그런데 정작 전차 아래로 들어가면 통신 상태가 좋지 않아 거의 성공하지 못했지. 소련군도 골리앗을 모방하여 'TT-26 텔레 탱크'를 개발했지만 역시 통신 상태가 불량하여 실제 공격에서는 별다른 활약을 못했단다.

당시 로봇의 전장 투입은 이처럼 실패로 끝났어. 하지만 20세기 후반에 이르러 컴퓨터와 각종 전자 기계가 발달하면서 상황이 달라졌지. 군사용 로봇을 실전에 투입해도 될 만큼 성능이 좋아지고 위력도 강해졌으니까.

현재 주목을 받고 있는 각국의 로봇을 한번 살펴볼까? 가장 눈길을 끄는 것은 미국의 육군이 개발한 '펫맨(Petman)'이야. 세계 최초로 두 다리로 걷는 인간형 로봇이지. 이 로봇은 본래 인간을 대신해 화재 현장이나 방사능 오염 구역

같은 위험 지역에서 수색하고 인명을 구조하기 위해 개발했어. 동작이 자연스러워 사람처럼 걷고 쪼그려 앉을 수도 있기 때문에 마음만 먹으면 얼마든지 전투용 로봇으로 개조할 수 있단다.

이와 비슷한 로봇으로 영국에서 개발한 '포턴맨(Portonman)'도 있어. 이것은 미생물이나 독소를 이용하는 생물학전에 대비해 만든 로봇이야. 인간처럼 걷고 달리고 앉을 수 있게 설계했지. 군인처럼 총을 쏘는 자세를 취할 수도 있대. 최대한 인간에 가깝도록 2천여 명의 군인들 체형을 분석하여 만들었다는구나.

일본에서 만든 거대 로봇 '구라타스(Kuratas)'도 관심을 끌고 있어. 건담을 연상시키는 이 로봇은 세계 최초로 사람이 탈 수 있게 만들었어. 로봇 내부에 들어가 인간 조종사가 직접 운전하거나 밖에서 원격 조종할 수도 있지. 높이 4미터에 로봇 팔 두 개와 바퀴 달린 다리 넷, 그리고 분당 6천 발을 발사할 수 있는 두 정의

총까지 갖추고 시간당 11.3킬로미터의 속도로 이동할 수 있단다.

군사용 로봇은 아직까지 걸음마 수준에 불과해. 앞으로 기술이 좀 더 발전하면 인간을 대신하여 완벽하게 군사 작전을 수행하는 지능형 로봇이 나올 거야. 군사용 로봇이라고 해서 적을 공격하는 전투용 로봇만 있는 건 아냐. 지뢰 제거 작업처럼 위험물을 처리하는 탐지 로봇도 있고, 군수물품을 옮기는 짐꾼 로봇도 있고, 적을 감시하고 수색하는 정찰용 로봇도 있지.

군사용 로봇을 전장에 투입하면 여러 장점이 있어. 인간과 달리 극심한 추위나 더위에 견딜 수 있고, 식량을 계속해서 공급하지 않아도 돼. 또 고장이 나더라도 새로 고쳐 쓸 수 있고, 적의 공격을 받아 파괴되어도 다시 만들면 그만이지. 로봇의 경우 양심의 가책이나 신체적인 고통을 전혀 느끼지 못하기 때문에 전쟁터에서 사람보다 임무 수행을 더 잘할 수도 있어. 그래서 여러 선진국에서는 막대한 비용을 들여 군인을 대신할 로봇을 경쟁적으로 개발하고 있지.

국제 사회에서 이를 둘러싼 논란도 뜨거워. 군사용 로봇의 등장은 결국 전쟁터에서 사람을 공격해 죽이는 일을 의미하거든. 그래서 이를 반대하는 움직임도 만만치 않아. 프로그램에 따라 움직이는 전투 로봇이 자칫 민간인을 함부로 죽일 염려도 있고, 암시장을 통해 테러리스트나 독재자의 손에 이런 로봇이 들어가면 큰 재앙을 불러올 수도 있기 때문이지.

반면에 다른 의견도 있어. 인간은 전쟁을 치르는 과정에서 실수를 저지르고, 분노나 복수심 등의 감정에 못 이겨 애꿎은 민간인을 살상할 수도 있지만 로봇은 미리 설정한 목표물만 공격하기 때문에 불필요한 희생을 막을 수 있다는 거야.

어쨌든 미래의 전쟁은 인간보다는 로봇이 주도하는 새로운 형태의 전쟁이 될 게 분명해.

 **10. 인공 지능 로봇은 일자리 도둑?**

제4차 산업 혁명이 이루어진 뒤에 우리의 일상생활이 어떨지 한번 상상해 볼까?

사람들은 대부분 사물 인터넷이 잘 연결된 스마트 홈에 살고 있어. 집 안에는 심부름을 해 주거나 말벗이 될 비서 로봇이 함께 있지. 인공 지능을 갖추고 있어서 사람의 명령을 이해하고 대화도 가능해.

주인은 일어나면 잠을 깨려고 물부터 한 잔 마시는 습관이 있어. 비서 로봇은 이를 알고 미리 준비를 해 둬. 잠자리에서 일어난 주인은 로봇이 건넨 물을 마시고 세수를 하러 가지. 씻는 동안 세면대의 거울 모니터에 비치는 오늘의 뉴스를 대충 훑어보는 거야.

출근을 하려고 어떤 옷을 입을까 잠시 망설이면 스마트 옷장은 날씨에 맞추어 의상의 종류와 색상을 골라 주지. 옷을 입는 동안 3D 바이오 프린팅 요리사가 간단한 아침 식사를 식탁 위에 차려 놓을 거야.

서둘러 아침밥을 먹고 현관을 나서면 비서 로봇이 자율 주행 자동차에게 이 사실을 알려 줘. 주인이 타면 자율 주행 자동차가 목적지를 향해 스스로 운전하지. 평소 좋아하는 음악을 틀어 주기도 해. 가는 동안 하루 일정을 살펴보거나 회의 내용을 점검할 수도 있어. 피곤하면 잠깐 눈을 감고 부족한 잠을 채울 수도 있지.

 퇴근 후에는 친구들을 초대해 생일 파티를 열기로 했어. 스마트폰으로 케이크와 음식을 주문하자 드론이 십여 분 만에 곧장 배달을 해 줘. 비서 로봇이 요리를 준비해 준 덕분에 친구들과 즐거운 시간을 보내는 거지.

 이런 생활이 아직까지는 그저 상상 속의 일로만 여겨질 수도 있어. 하지만 과학 기술은 늘 상상 속의 일을 현실로 만들어 왔지. 공상 과학 영화에나 나올 법한 일이 하루속히 현실로 이루어지길 바라는 사람도 더러 있을 거야.

그런데 여기서 한 가지 곰곰이 생각해 볼 문제가 있어. 미래의 삶이 꼭 장밋빛 희망을 가져다주지 않을 수도 있다는 사실이야. 제4차 산업 혁명이 사람들에게 환상적이고 안락한 삶을 가져다줄 수도 있겠지만 뜻밖의 재앙을 몰고 올 수도 있거든.

그건 바로 일자리 문제야. 인공 지능이나 로봇의 발달로 사람들의 생활은 편리해질지 몰라도 사람들이 할 일은 그만큼 줄어들게 되지.

예를 들어 자율 주행 자동차가 생겨나면 운전을 직업으로 하는 사람들은 더 이상 필요가 없게 돼. 버스 기사, 화물차 운전자, 택시 기사 같은 분들은 일자리를 잃겠지. 인공 지능이 발달하여 로봇 의사가 더 정확하게 진단하고 환자를 직접 수술하게 된다면 인간 의사는 설 자리가 없게 돼. 인공 지능이 외국어를 번역하고 신문 기사를 더 잘 쓴다면 번역가나 신문 기자는 일자리를 잃을 수밖에 없어. 드론이 물건을 배송하면 택배 기사나 배달부가 할 일이 없어지지. 이렇게 되면 각 나라마다 실업이 심각한 사회적 문제로 떠오를 거야.

과학 기술의 진보가 인간을 불행에 빠뜨려서는 곤란해. 제4차 산업 혁명이 모두에게 축복이 되기 위해서는 앞으로 일어날 일에 대해 미리 고민하고 차근차근 준비할 필요가 있어. 그래야 우리 삶에 희망이 되고 행복을 가져다주는 미래 사회를 만들 수 있을 거야.

11. 미래 사회의 직업

시대의 변화에 따라 직업도 변하기 마련이야. 어떤 직업은 사라지고 어떤 직업은 생겨나기도 해. 1, 2, 3차 산업 혁명이 시작되었을 때도 많은 사람들이 일자리를 잃었지만 또 새로운 일자리를 얻기도 했지.

제4차 산업 혁명 시대도 마찬가지야. 인공 지능이나 로봇 등 과학 기술의 발달로 여러 직업이 위협을 받고 있어. 반면에 그로 인해 새로 생겨나는 직업도 많이 있어. 한 보고서에 따르면 현재 일곱 살 이하의 어린이가 세상에 나가 직업을 선택할 때가 되면 이 아이들의 65퍼센트 정도는 지금 없는 새로운 직업을 갖게 될 거라는 전망도 나왔지.

그렇다고 미래의 제4차 산업 혁명에 대해 막연한 불안감이나 두려움을 가질 필요는 없어. 세상은 끊임없이 변화하고 있어. 변화의 흐름을 잘 살펴보고 자신의 길을 선택한다면 희망찬 내일이 열릴 테니까 말이야.

그럼, 지금부터 미래에 떠오를 유망 직업으로 무엇무엇이 있는지 한번 알아볼까?

스마트 의류 개발자

우리가 평소에 입는 옷을 똑똑하게 만드는 일이야. 옷에 초소형 컴퓨터 칩이나 디지털 센서를 부착하여 그 사람의 건강을 관리할 수도 있고, 아니면 특수한 기능을 추가할 수도 있지. 이를테면 등산복에 디지털 기능을 장  착하여 날이 추울 때는 열이 나게 하고, 산을 올라가 땀이 날 때는 시원하게 식혀 주는 거야. 옷과 디지털 기술이 통합된 최첨단 의류를 개발하는 일이지.

착용 로봇 개발자

 사람이 입거나 장착할 수 있는 로봇을 개발하는 일이야. 예컨대 무릎에 관절염이 있어 잘 걷지 못하는 사람이 있다고 해 봐. 그런 사람에게 무릎 보조용 로봇 기구를 만들어 거뜬히 걸을 수 있게 돕는 거지. 또 불의의 사고로 한쪽 팔을 잃었을 때 로봇 팔을 만들어 생활에 불편함이 없도록 만들어 줄 수도 있지.

빅 데이터 전문가

빅 데이터(Big Data)는 말 그대로 아주 어마어마하게 많은 양의 데이터를 말해. 빅 데이터를 수집하고 분석해 어떤 결과를 미리 예측하는 일이야. 예전에는 설문 조사나 문서 등을 통해 자료를 수집했는데 이

런 방식은 시간과 비용이 많이 들지. 하지만 컴퓨터와 디지털 기술의 발달로 과거에는 생각지도 못한 엄청난 양의 데이터를 모을 수 있게 되었어. 이 빅 데이터는 활용 가치가 아주 높아. 정치인이 선거에 이용하면 여론의 움직임을 읽을 수 있고, 기업에서는 신제품에 대한 소비자 반응을 미리 알 수도 있단다.

인공 지능 전문가

뇌 구조에 대한 지식을 바탕으로 종합적인 판단력을 가진 지능적인 기계를 만드는 일이야. 컴퓨터나 로봇 등이 인간처럼 생각하고 판단하고 결정을 내리는 게 인공 지능이지. 인공 지능의 쓰임새가 점점 넓

어질 테니 인공 지능 프로그램을 개발하는 전문가도 많이 필요할 거야.

가상 현실 전문가

가상의 시공간을 생동감 있게 체험하는 가상 현실 시스템을 개발하는 일이야. 가상 현실은 항공이나 건설 같은 산업 분야는 물론이고 스포츠, 레저, 오락, 휴식 등 여러 분야에 응용할 수 있어. 사람들이 원하는 가상 현실 프로그램을 개발하는 일은 멋진 신세계를 만드는 일이 될 거야.

사이버 범죄 전문가

디지털 기기의 사용이 많아지면서 사이버 범죄도 많아질 거야. 범죄가 일어나면 일단 디지털 기기를 분석하고 증거를 확보해야 해. 그러려면 디지털 기기에 대해 전문적인 지식을 가진 사람이 필요하지. 국가 기관이나 기업에서는 기밀 누출을 방지하기 위해 사이버 범죄 전문가를 많이 고용할 거야.

드론 운항 관리사

드론을 운항할 때는 숨어 있는 위협이 많아. 큰 건물이나 나무 등이 장애물이 될 수 있고, 날아가는 새와 부딪칠 수도 있어. 이런 여러 가지 형태의 위험을 분석하여 적절한 항로를 안내하고 드론이 안전하게 운행하도록 돕는 일이야.

스마트 도로 설계자

자율 주행 자동차가 편안하고 안전하게 운행되도록 스마트 도로를 설계하고 관리하는 일이야. 자율 주행 자동차가 원활하게 다니려면 도로 또한 첨단 시설을 잘 갖추어야 해. 스마트 도로가 만들어지면 위험 지역이나 사고가 많은 지역을 미리 알려 주고, 돌발 상황이나 이상한 징후가 생기면 탑승자에게 신호를 보내 주지. 또 차가 막히는 구간이 생기지 않도록 차량의 흐름을 조절할 수도 있단다.

사물 인터넷 전문가

전자 제품이나 각종 생활용품 등에 컴퓨터 칩과 통신 기능을 장착한 것이 사물 인터넷이야. 하지만 아무 데나 인터넷 기능을 연결하는 일은 낭비일 뿐이야. 따라서 우리 생활에 필요한 것이 무엇인지 찾아서 사물 인터넷 제품을 기획하고 개발하는 일이 중요해질 거야.

로봇 윤리학자

자동화된 시스템에서 기계나 컴퓨터 혹은 인공 지능이 판단을 내릴 때 어떤 윤리 기준을 적용하는 것이 옳은지 연구하는 일이야. 예를 들어 자율 주행 자동차가 길을 가다 뜻밖의 사고 상황에 마주쳤어. 핸들을 왼쪽으로 틀면 탑승자가 다치고, 오른쪽으로 틀면 바깥의 사람들이 다친다고 할 때 인공 지능은 어떤 판단을 내려야 할까? 그리고 사고가 일어나면 인공 지능에게 책임을 물을 수 있을까? 이런 문제에 대해 도덕적 기준을 마련하기 위해서는 로봇 윤리학자의 역할이 중요하지.

스마트 농장 기술자

미래에는 농업에도 디지털 기술을 사용할 거야. 지금은 농장 주인이 비닐하우스를 일일이 다니면서 작물의 재배 상황을 관리해야 해. 하지만 디지털 기술을 활용하면 달라질 거야. 직접 가지 않고도 비닐하우스 안의 온도나 습도, 흙의 상태 등을 알아내고 필요한 조치를 취할 수 있지. 그러려면 스마트 농장을 개발하고 시스템을 설치해 주는 기술자가 있어야겠지.

동물 매개 치유사

인공 지능이나 로봇이 개발되면서 사람 사이의 소통은 더 줄어들 거야. 그래서 마음에 상처가 생긴 사람들에게 동물과의 정서적 교감을 통해 치유하는 일이 필요하지. 개, 고양이, 말, 새, 돌고래 등 여러 동물이 도우미가 될 수 있어. 우울증에 걸린 사람이나 주의력 결핍 혹은 과잉 행동 장애를 겪는 환자, 대인 관계가 어려운 사람 등 다양한 사람이 도움을 받을 수 있지.

반려동물 관리사

집 안에서 개나 고양이 등 반려동물을 키우는 사람들이 점점 늘고 있어. 반려동물을 가족처럼 여기는 사람들도 많아. 따라서 반려동물이 건강하게 잘 생활하고 주인과 조화롭게 살 수 있도록 동물의 특성에 맞게 관리해 주는 전문가가 필요해질 거야.

감정 노동 상담사

전화 상담원이나 텔레마케터처럼 주로 고객들과 말을 주고받으면서 하는 일을 감정 노동이라고 해. 감정 노동을 하는 사람들은 고객의 불만을 들어 줘야 하고, 욕설이나 협박 따위에 시달리는 경우도 많아. 감정 노동 상담사는 이런 사람들이 심각한 스트레스 때문에 고통받을 때 심리 검사나 상담 프로그램 등을 활용해 치유가 되도록 도와주는 일을 하지.

의료 정보 분석사

앞으로 인간의 수명은 더욱 길어질 거야. 사람들은 건강을 지키는 일에 관심이 더 많아지겠지. 새롭게 등장한 의료 정보는 사람들에게 큰 도움이 될 거야. 의료 정보 분석사는 각종 의료 정보를 분석하여 알려 주는 역할을 하지.

지금까지 살펴본 제4차 산업 혁명에 대한 이야기는 지금 어느 정도 진행된 현재의 신기술을 바탕으로 예측할 수 있는 미래의 모습을 그린 거야. 그런데 조금만 더 멀리 내다본다면, 지금은 그려 볼 수조차 없는 전혀 다른 세상이 열릴 수도 있어. 그러한 세상 또한 우리의 상상력이 원하는 모습대로 창조될 거야.

참고 도서

곰브리치, 『곰브리치 세계사』, 비룡소
김정욱 외 지음, 『2016 다보스 리포트』, 매일경제신문사
박익수, 『위대한 발명 발견』, 전파과학사
심진보 외 지음, 『대한민국 제4차 산업 혁명』, 콘텐츠하다
앨빈 토플러, 『제3의 물결』, 정암출판사
최재용 외 지음, 『이것이 4차 산업 혁명이다』, 매일경제신문사
클라우스 슈밥, 『클라우스 슈밥의 제4차 산업 혁명』, 새로운현재
한국경제 TV산업팀, 『세상을 바꾸는 14가지 미래 기술』, 지식노마드

사진 출처

36쪽- en.wikipedia.org